孤獨經濟正崛起

妳受男人青睞嗎？

蔡紹南　著

博客思出版社

【目次】

【目次】

【目次】

作者序

如何吸引男人？如何避免厭棄？

我從小就喜歡看人、觀察人、研究人；並且有著「事在人為」、「有志竟成」、「為政在人」、「人定勝天」等等觀念。讀研究所時，碩士論文為「考試制度與人才選拔」，參加公務人員高等考試科目是「人事行政」，講師升等為副教授著作為「文官考試制度之研究」。然而半生來從事公職、在校教書，都與考試科目、研究論文無關，未能學以致用一展長才，不免些許遺憾，亟思於退休後寫一本相關的著作。

多年前蘋果日報刊載人們最困惑的感情問題，包括感情煩惱事項、男人煩惱事項、女人煩惱事項。女人煩惱事項有三：1.大多數男人會喜歡什麼樣的女人？2.現在男人的處女情節很嚴重嗎？3.男人最煩女人什麼？我身為男人，對於這些問題有若干瞭解乃於退休之後執筆，撰寫「妳受男人青睞嗎？」一書，就女人煩惱的三個事項，闡述個人的觀察和看法，希望化解一些女人的困惑。本書並提出若干名家意見，期能提升女性修為和氣質，爾後作個賢妻良母。

第一章文明行為是受歡迎的首要條件。我們日常生活中的食、衣、住、行，不知不覺中會表現出不文明行為，分別在書中提出警惕大家，努力修為向文明邁進。日本人日常的行為舉止受公認是相當文明的，因此予以列舉供大家參考。

第二章男人都在想什麼要什麼。首先追求快樂是人類天性無可厚非，只是年輕人很多不努力卻只想追求快樂，不懂得「先苦後甘」的道理，特別提出來提醒年輕人。男人心理所想的、要的，綜合觀察不外金錢財富、地位權勢、女人美色，但也不乏「人為財死」、「溫柔鄉是英雄塚」的事例，除供女性瞭解男人之外，也給男性們於追求理想目標的參考。

第三章男人喜歡什麼樣女人最煩什麼女人。提出個人及若干調查資料供女性們參考。男人最欣賞的職業女性——女記者，大都兼具外在美、內在美，可供作女性學習對象。至於男人的處女情節是因人而異，如遇有情節嚴重男人，個人提出若干解套方法女性們不妨一試。

第四章好男人如何發掘追求維繫。發現好男人要主動出擊，要像男人追求女人一樣積極。書中並提出專家所列的調情方式，助妳在情場上事事如意。吾人也強調男女關係要維繫必須努力經營，否則一點風吹草動就一去不回；如果落得像仇敵、怨偶，要知道如何逢凶化吉，化干戈為玉帛。

第五章以綜合評量考選真命天子。個人研究考試制度注意人才篩選，以綜合評量選才方式找出真命天子，是女性們挑選終身伴侶可以參採方式。很多年輕人喜歡追求十全十美，實際上那只是個理想，現實生活中並不存在。因此對於中國前衛女性主張「三十歲前別結婚」、「單身也很好」，提出個人若干評述供女性們參考。又，今天年輕人都很辛苦，生活壓力、金錢壓力讓他們喘不過氣來，我呼籲父母親、岳父母大家來幫幫孩子們吧！

第六章走出孤獨爭取愛情兩性平權。很多現代女性時常感嘆地說：「現代女性經濟情感已自由，卻難掩孤獨。」個人建議作作公益，行行善事，服務社會且利人利己。再就個人工作和生活所須，學習進修充實自己，可以提升進化另一個境界。又，愛情是爭來的，要摒棄傳統僵固思維找尋真愛，傳統觀念是無形的枷鎖，並不適合於現代社會。為協助女性爭取兩性平權，特簡述臺灣兩性工作平等法供大家參考。

第七章瞭解男人認識自己無往不利。年輕女性對男人多一知半解，茲列述男人若干習性，對好男人設法拉近距離，遇到渣男則敬而遠之。展現職場魅力有多項功能，在眾多員工中妳容易被大家看見，主管會注意妳工作表現，同事們注意妳的行為舉止，男同事注視妳的能力和外表，妳有機會很快晉升，並找到理想的對象。

第八章我見我思我分享。是個人半生以來所經歷、體驗，以及觀察體會所累積的一些看法，如拜師學習、請教前輩，成功的機會就高一些；不要槓上長輩或長官，這對年輕的晚輩或下屬絕對不利；遇到困難時試試反向思考，你可能豁然開朗、絕處逢生；有理想沒實踐、有實踐沒進度，這是年輕人最常見通病，有理想就努力去做，開始做了就按進度計畫完成，你才能成功地做成一件事。

我生性直爽有話直說，心中的想法、意見就以平鋪直敘方式表達出來；復以個人才疏學淺，因此書中諸多觀點或許見仁見智，或有偏頗誤謬，敬祈各界賢達、各方仕女不吝指教。

作者 蔡绍南

二〇二〇年二月二十九日

於臺灣新北新店寓所

第一章　文明行為是受歡迎的首要條件

一、文明的意義

「文明」一詞有兩種說法，一為事實之陳述，將一個時代、一個區域人民之生活狀況、文化之發展情形作完整具體之說明；一為價值之判斷，是將一個時代、一個區域人民之生活和文化，評斷其進步發展狀況，甚至評論其是非對錯，

本文所論者為價值判斷之文明。

大學時代常見辯論比賽，「法律和道德孰重」是屢次出現的辯論題目，尤其是念法律學生辯論比賽場場出現，當時學生時代，學養知識有限，對於這個題目是非常困惑，如今觀之，這只是文明層次問題。

吾人如以最高標準之文明水準作要求，可以「廣義道德」稱之。是以將所有是非善惡標準均涵括在內。吾人如此違反道德或文明之程度作分類，可以下列三項說明之：

1. 狹義道德層次：行為人之作為造成他人之不便，稍微之不舒服，如以物品、車輛放置馬路，阻礙行人造成不便；製造噪音、喧囂，影響環境平靜安寧。
2. 社會秩序維護法層次：係屬較嚴重之道德違反，造成他人或環境之不舒服、不健康，如亂丟垃圾、吸菸、騷擾他人不服勸阻，對違反者可處以行政罰鍰。
3. 刑法規定事項：係指行為人傷害他人身體、生命、名譽，或侵犯他人之財產，造成重大損失，必須賠償者，其傷害對象可據以提出告訴，由當地法院作出刑事案件判決者。

威爾・杜蘭（Will Durant）認為文明的建立有諸多條件，其中文明的倫理條件包括婚姻、性的倫理及社會倫理，社會倫理他又分析認為人有善與惡的本性，惡的本性有貪婪、虛偽、暴行、殺人、自殺等等。經過個人的社會化，可逐漸建立善的本性，包括：利他主義、友愛的生活方式。他又把社會倫理分為原始倫理及現代倫理，當然由於人類文明的進化，現代倫理要文明而進步得多。

文明的理想如何在現實生活中實踐呢？個人有形文明在外觀上整整齊齊、文質彬彬、待人和藹可親、處事有條有理、凡事好商量。不會邋邋遢遢，到處吐痰、亂丟垃圾、大聲喧嘩，不會凡事和人爭得面紅耳赤。

二、常見不文明行為

個人的文明，吾人是以法律及道德規範來作要求之標準，個人行為雖未違法，但是不禮貌、不雅觀，甚或侵犯到他人自由或權益，均為觀察要求之標準。

個人行為在日常生活中所作所為、言行舉止，或因個人習慣、個人修養，很多言行令人不敢恭維，違法違規者固應受到懲處以示警惕。至於純屬道德上之瑕疵，如果自身不求檢點，就無法提升到上級階層擔任主管，也就是無法晉身到上流社會。

（一）行的不文明

1. 不靠右邊走妨害他方向行人。
2. 邊走邊滑手機心不在焉。
3. 站在人行道中央妨礙來往行人。
4. 年輕力壯坐在博愛座。
5. 邊走邊吃東西，邊剔牙。
6. 搭車時眾人面前化妝、梳頭髮。
7. 騎車、開車看電視、滑手機。
8. 常見交通違規行為：
   ①超越雙黃線，在雙黃線上迴轉。
   ②行人跨越禁止跨越區。
   ③違規停車在紅線區、行人穿越道、公車停靠區。
   ④不當超車，這在車禍中占極大比例。
   ⑤開車開到兩車道中間，騎牆派的投機行為。

（二）食與言的不文明

1.常見用餐的不文明

①吃飯有聲音、喝飲料也出聲。

②大聲說話、講手機。

③在咖啡廳用餐飲不收餐具。

④吃東西滿桌菜渣碎屑、殘羹剩飯。

⑤用了大把衛生紙、紙屑堆滿餐桌。

2.用手機、市話同時和兩人交談。

3.大聲講手機，見了熟人不打招呼。

4.在公共場所交談喋喋不休。

5.搶著說話打斷他人交談。

6.常說你懂我意思嗎？

三、不文明行為的後果

不文明行為會有什麼後果呢？試舉三例如下：

（一）行人不文明　吃虧在自己

這些不文明現象會產生什麼後果呢？違規者、疏忽者本人非死即傷，也可能造成他人死傷，必須擔負龐大數字賠償責任。

臺灣對於車禍受害者之求償，最近法院的判決已更為理性、更為科學，由於每次車禍發生都有肇事鑑定，交通主管單位對於肇事原因責任都調查得很清楚，甚至於發生原因之責任歸屬，以比例算出來。因此受害人假使擔負百分之五十責任，其求償金額就會打對折，行人違規時也視其為違規狀況，減少損害賠償，甚至可能因為其重大違規，即使被撞死了也完全得不到賠償，最後只拿到一點道德責任的慰問金。

（二）聒噪、囂張、動粗—被驅逐出境

二〇一一年七月在馬尼拉飛往宿霧（Cebu）的班機上，參與媒體參訪的中國籍旅客因高聲喧嘩，還持攝影機到處拍攝其他旅客，遭前座的菲國總統姐夫克魯斯（Eldon Crus）制止，請他們輕聲交談，且攝影機不要亂晃，以免撞到別人。其中兩人竟惱羞成怒，揪住克魯斯的衣服，作勢要打他，幸好被空服員及時架開。

班機降落後，兩名動手的大陸人和他們的十名同行旅客，立即被機艙外等候的警員帶走訊問，在中國大陸外交人員出面協調下，其中十人當日獲釋，繼續宿霧市的訪問行程，但動粗的兩人被扣留，二十四日下午搭機返回北京。

菲國移民局發言人表示，這兩名男子事後認錯道歉，被列入黑名單，並限令二十四日晚間前離境。菲國電視台播報說：克魯斯是叫他們小聲一點，他們就突然動粗，我們不希望這種事發生在其他人身上，也不希望外國人這樣對待本國人。菲律賓外交部發言人表示：我們歡迎旅客來觀光，但不歡迎粗魯無理的旅客。

（三）白目、嗆聲、掏槍……啊！便衣警察

二〇一一年八月的一個晚上，高雄市一家餐廳高朋滿座，大家酒酣耳熱好不熱鬧，突然有位陳先先覺得鄰桌幾位先生講話聲音太大，打擾到他了，於是幾分醉意之下，前往嗆聲要他們節制點、文明些，這幾位先生說大家都大聲交談，小聲怎麼說話？而且怎麼只找他們麻煩？這位陳先生見嗆聲根本沒效果，悻悻然走出去。

幾分鐘過後陳先生回來了，帶了把手槍抵住其中一位頭部，他以為這下子可以把他們嚇住了，沒想到旁邊一位男士，過來使出擒拿術絕活，兩下子就把槍奪下，並將這位陳先生壓制在地，原來這幾位是剛下班的員警，大家一起用餐輕鬆一下，陳先生有眼無珠，被移送法辦，並背了一項恐嚇的罪名，這是一個人不文明的後果！

四、兩岸華人都在追求文明

（一）提升文明實例

二〇一一年年初，臺灣TVBS電視台播報中國大陸有關幼兒教育和訓練的新聞，由於中國一胎化政策只育有一名子女，每個家長都有望子成龍、望女成鳳的理想，從小就對子女的能力作有計畫的訓練和培養，而其訓練和培養的方式，有二種截然不同的面向：

1.個人競爭能力

上海的富裕家庭，著重個人專業能力的培養和訓練，有外國語文，有音樂天分，有演講口才，有運動天賦，即使花費不貲，但仍有家長毫不手軟的付出，不斷訓練培養。

2.個人修為能力

該電視台同時報導廣東深圳家長的期許，他們將三、五歲小孩送到私人學堂、私塾，住校學習半個月才回家一次，教導他們獨立生活，從穿衣、吃飯到整理環境。學習課程則是中國古典書籍各種經書，學習傳統倫理道德，判斷是非對錯的能力，這是精神層面的提升，訓練個人應付環境和解決問題之能力。

臺灣電視台「中國進行式」節目也播報了一則上海新聞，有人開設「禮儀訓練」課程，訓練內容為日常生活中食衣住行之基本禮儀，包括中餐禮儀、西餐禮儀，坐有坐相，站有站相，說話的技巧、方法、用語。其目的在訓練有錢的富二代，將來在高級上流社會中，和本國及各國人士交往之基本儀態，要讓人感覺他們是富裕又文明的上層社會人士。二〇一二年初同一節目播報了武漢紡織大學開設「淑女班」，進行類似之教育訓練且廣受歡迎。

二〇一一年六月間，臺灣有位十五歲的少女檢舉她軍方退役少將老爸，從軍方Ａ了好多用品回家，包括生活用品及電腦等，政府當然依法查辦。可見道德標準人人都有，邁向文明之心人人都有，兩岸華人社會文明正日漸提升之中。

（二）台大人VS.北大人

台大校長的「四不要求」＆北京市「四個北京精神」

二〇一一年九月初學校開學了，臺灣大學進來了很多新生，包括五十二名碩博士班的中國赴台學生參加「新生訓練」，校長李嗣涔講話要求學生遵守「四不規定」：「考試不作弊」、「作業不抄襲」、「單車不亂停」及「不要翹課」。

這些簡單要求，有學生覺得管太多了，校長怎麼像個「學務長」、像個「教官」在管學生？尤其幾位中國學生也都有所批評，吾人以為李校長的要求非常正確，恰當且必要。

首先就學生的心態上來說，很多新鮮人在上大學之時就認為「我長大了」、「我自由了」、「我可以我行我素」、「只要我喜歡有什麼不可以」，忽略了很多道德規範，忘卻了長大之後自治自律的要求，這就是為什麼臺灣很多大學生有偷竊、猥褻、援交的行為，甚至有多起殺人事件，包括多年前臺灣清大女生殺死情敵，銘傳學生殺死護士前女友。

李校長的要求是做人的基本規範，作弊、抄襲就是投機的行為，將來畢業求職考試能夠有機會作弊嗎？論文抄襲有學到東西嗎？有助理教授、副教授升等論文抄襲被發現之後，升等資格取消且數年內不得申請升等，在教育界列為黑名單，值得嗎？

在學校教書多年亦曾多次要求學生不要蹺課，尤其私立學校學費昂貴，很多家庭經濟不佳，仍然節衣縮食籌足經費讓子女上學，很多學生不能體會家長的辛勞。吾則強調「你們放棄了你們自己的權利」，繳交學費是你們盡了義務，你們就擁有到校上課的權利，放棄自己的權利不是很可惜嗎？

再者，在校不用功不念書，混個文憑畢業了，要參加就業考試、研究所考試，才發現自己這科不行，那科也不行，於是到補習班補習，再買一套書再交一筆學費，再花很多時間去上課，值得嗎？為什麼不在學校當學生時專心把書念好？不必再花一次錢，花一次時間？

李校長苦口婆心的要求是對的，請同學們再仔細想想！

北京大學也有新生訓練，有位在北大博士班就讀的台北市人記述了二〇一一年新生訓練情形，就已經感受到部份北大同學「學術」能力不等於「道德能力」。她說在學術領域裡，十分佩服大陸同學，不過在道德領域裡，她恐怕只能嘆氣。

文中提到講座時，老師提到北大圖書館的亂象，重點是希望同學們不要在圖書館閱覽區吃東西，亂丟果核，以及拿刀子挖書。結果在新生訓練時，竟然看到有幾位同學手裡拿著美工刀以及被挖洞的圖書館簡介。二〇一一年十一月二日北京市政府公布了「北京精神」，內容是「愛國、創新、包容、厚德」，這位準博士生覺得這「北京精神」只是一種期待吧！

「四不要求」和四個「北京精神」是難以比較的，但不作弊不蹺課、不亂停不抄襲，較屬道德層次或民事問題，用刀子「挖書」則是刑事上的「毀損罪」及「竊盜罪」，毀損和竊盜又屬公物，衡情論理均較私物品為重。我們和這位準博士生一樣期待，北大學生都能和台大學生也有相同的法律和道德標準，否則各國都會以異樣眼光看著中國大陸。

五、值得關注的文明國家：日本

（一）追求完美精神可嘉

日本人天性追求完美，素有精益求精的精神，這種民族性有人分析與其國人多為Ａ型血型有關。不管在任何領域都盡可能把事情做到完美，他們能夠在二次大戰戰敗廢墟中很快站起來，並位居全世界第二大經濟體多年，近年才被中國大陸超越落為第三，確是令人驚訝和佩服。

臺灣日本通賴東明董事長以為：戰敗後的日本，由悽慘走向正常，實賴其道德修養，刻苦勤奮、精益求精、循序漸進等等精神態度。

臺灣旅日名作家劉黎兒更讚賞：日本社會的底力很強，日本人的勤勉、忍耐、有條不紊及寬容，不抱怨等優異特質，世人有目共睹。她舉福島核電廠災害為例，停電缺電期間電車嚴重不足，日本人依然很規矩地排隊依序搭車，大家並努力節電，幾個禮拜後終於恢復正常。

劉黎兒更以職人精神戰勝百年大難，讚揚日本人盡忠職守的作為。最初在對抗福島核一廠核災時，東京電力有五十人不畏嚴重高輻射污染環境，拚死留在隨時可能發生重大事故的核電廠，進行搶救、防堵輻射外洩，這五十人因而被稱為福島英雄。

二次大戰後，日本全力重建國家復甦，為展現其努力成果舉辦了一九六四年東京奧林匹克運動會，經過五十六年再舉辦二〇二〇世界奧林匹克運動會。二〇一九年年中，他們對於運動會期間隊職員，各國遊客食宿問題，以及交通的順暢解決，都積極規劃預備因應方案，在在令人佩服其做事能力。

日本文化很多學自中國，尤其自唐朝以後吸收更多更積極，很多漢字我們不再使用，他們仍然沿襲下來，如駅字來自中國驛站，弁當是指便當，擔當者是指負責人，社長是董事長。在武術上，他們更把中國傳統武術細分為柔道、合氣道、劍道、忍術，二〇一九年年中，前往加拿大探視女兒和外孫，又發現四歲外孫正和一位日本人學習正氣道（seikido），只見到學習防守的基本動作，如柔道一樣倒下時拍打地面，未見到學習其他攻擊招式，但他們研究發展的精神值得欽佩。

（二）從旅遊人次看哈日族

日本有很多吸引人的地方，所以有很多「哈日族」喜歡到日本旅遊，據網路統計二〇一八年赴日旅遊人次達到三千一百一十九萬，較二〇一七年成長百分之八點七。旅客來自中國就有八百萬人次，雖然大多數中國人恨日本，前往旅遊人次仍如此多，足見日本的吸引力有多大。其次韓國有七百五十萬人次，臺灣有四百八十萬人次，二〇二〇年東京奧林匹克運動會，吸引世界各國觀光客將再突破人次高峰。

退休後有較多時間、心情看電視，國興衛視有散策雙人行、輕鬆自在逍遙、美景佳餚情報站，還有專門介紹特定景點的節目，都非常吸引人而很想去嚐嚐美食。所作佳餚都是利用當地食材，經過廚師店家研發後推出，樣樣都能吸引遊客的味蕾。

由於日本人口老化、少子化，勞動力減少很多，但觀光人次卻有增無減，依據二〇一九年七月TVBS報導，日本不得不起用在日本留學生以及居留的年輕人加入服務業，全日本居然高達二百五十萬人，才足以因應龐大的觀光客湧入，雖然造成了一些髒亂問題，但這無煙囪工業對日本經濟當然助了一臂之力。

（三）日本吸引人的地方在哪

我首先要提到的是他們的人文氣息，待人接物的禮節，尤其是女性溫柔氣質很吸引人。小時候臺灣很落後，人們都期望有「美國汽車、日本太太、中國菜」，她們對於客人總是畢恭畢敬，店員對客人上門立即鞠躬表示歡迎，即使沒有購買離開仍然笑臉送客，這在全世界是絕無僅有。

日本人鞠躬相見禮是個很久的傳統，他們遇見長官進退禮儀，在中國皇帝威權時代就是如此，我們早把它丟到九霄雲外，日本卻予以保留。日本各地方的節慶、祭典都非常吸引人，他們穿著道地古代服裝，邊走邊跳的節奏既熱鬧又蘊含著某些意義，是非常吸睛的焦點。

日式摔角（sumo）非常吸引人，規矩儀式非常繁複，連在土俵上打掃的二個人都要動作一致，橫綱上台比賽前要亮出他的旗幟，摔角力士比賽前必須舉手表示未帶凶器，被摔出土俵的必須回到原位，對勝者鞠躬致意，選手出場都有後生晚輩服侍這些前輩，選手對於判決絕對服從，如有爭議再比賽一次，在在公平且保持優良傳統。

日本另一吸引人的就是電器用品，樣樣做得美觀精緻耐用，中國人前往旅遊常有「爆買」情況，日本的冷氣機、冰箱在臺灣仍有廣大市場。臺灣大都市有藥妝店，販賣日本藥品、生活用品，無怪乎臺灣每年都有數百萬美元入超，錢多被日本人賺走了。

二〇一九年八月廿七日網路披露「臺灣人為什麼那麼愛去日本」，網友反應熱烈：「費用便宜、交通方便、特色多」，「鄰近國家中人民素質最佳」，「便宜又好玩、治安良好」，「乾淨衛生、交通方便、食物好吃」，「好買好逛、環境比臺灣好」，「服務態度世界最好」，「不用付小費」，「CP值最高沒有理由不去」。綜上理由這個國家值得去玩，也值得我們關注。

日本曾經國力強大，日本文明仍受世界重視，但吾人對於發動第二次世界大戰仍感不解；再者近年世界各國對於捕殺鯨魚有其規範，日本仍然以研究之名大量捕殺，在完美中仍有一些污點。

六、修養無上限，大家勉力為之

吾人本書對於女性之要求，多限於一般道德層次，而且是日常生活需要注意的行為舉止。日本前昭和女子大學校長坂東真理子著有「女性的品格」一書，則有更高層次的要求，從儀容裝扮到人生觀，提出了數十個法則，要女性們堅強、溫柔、美麗。日本這種無限上綱的修養品格，實非其他國家女性可以做到，吾人臚列她在各方面的基本要求供本書讀者參考，妳就以能力所及勉力為之。

（一）禮節與品格

女性要重然諾、遵守約定，學習社交禮儀，注意電話禮節，珍惜長遠的人際關係，婉拒人家的邀約、請求，時間要愈早愈好，而且態度要客氣、委婉。

（二）有品格的用語及說話方式

日本敬語的使用非常嚴謹，由於彼此的年齡、身份、親疏等不同，而分成尊敬語、謙讓語及美化語，作者要求女性們都要謹慎運用。其次要女性不使用負面意涵的詞彙，說話時要朗聲而清晰，多使用「謝謝」一詞。

（三）有品格的服裝與儀容

坂東真理子要求女性不要盲目追求流行，隨時要保持端莊的姿勢，要遠離贅肉，無怪乎日本很少女性肥胖，其次她認為髮型端莊是化妝的基本要求。

（四）有品格的生活

在日常生活中不要浪費但也不能小器，要學會做幾道拿手好菜接待客人，要多認識花鳥蟲魚之名。為提升自己要閱讀若干經典作品，值得記憶的紀念品要珍惜妥為珍藏。

（五）有品格的人際關係

作者對人際關係的要求更為嚴謹，不要緊緊圍繞在功成名就者的身邊，不要僅與密友成群為伍，對毫無利害關係之人以及時運不濟者，同樣都以禮相待。對他人的隱私切勿追根究底，不要對外抱怨自己的家人，要多提攜後進與年輕人，常真心真意地讚美他人。

（六）有品格的行為

當作了善行、美事切莫大肆張揚，如有他人認為你有不及之處要默默努力，在工作上不排斥被大材小用，而且不厭棄低下、無人聞問的苦差事。對他人的請託誠心幫忙，否則就應明白婉拒；生活中要懂得幽默，在本業以外的場合中，留點餘裕空間，盡情享受人生。

（七）有品格的人生

坂東真理子要求女性與其被愛，更應勇敢去愛；對於心儀男士勿須立即表白愛戀之情；注意企業的社會形象、未來潛力，不要為其外表所惑。女性對於男人應有一雙看穿品格的眼神，能選擇具有高尚品格男性為伴。提升自己的滿足感，不要樣樣東西都想擁有；無論在家族中或企業裡，隨時注意自己的倫理修為。

坂東真理子對於日本女性品格的要求，嚴苛得超乎一般人想像，一言一行都要注意是否合乎標準，而且要作得盡善盡美。個人半生來從事公務人員，而且在大學擔任教職十餘年，自認時時謹言慎行，並克制自己符合一般道德規範，作為學生和子女表率。對於坂東校長多項要求我想都沒想過，可見要一一做到很不容易。但一般日本女人的表現已令全世界刮目相看，無論東亞或歐美都有不少「哈日族」，日本女人品格的修為是重要因素之一。

臺灣人要學習這些品格要求可更難了，一般言行能做到符合道德水準就不錯了。但如果妳是哈日族，想留學日本，在日本工作，甚或歸化為日本人或嫁為日本媳婦，那就好好學學日本「女性的品格」吧！

第二章　男人都在想什麼、要什麼

一、人類天性追求快樂——談快樂主義

在談到男人都在想什麼要什麼之前，吾人得先談談快樂主義。

快樂主義（hedonism），根據維基百科定義：Hedonism is a school of thought that argue the pursuit of pleasure and intrinsic goods are the primary or most important

goals to human life.

快樂主義是一個學派，其主要思想是主張追求快樂以及美好事物，是人生最基本且最重要的目標。這學派始自古希臘蘇格拉底及亞里斯多德年代，數千年來西方一直有人崇拜主張這個思想。中國則自古受到道家、儒家、佛教的影響，以人生實際上是痛苦的，而主張要降低慾望，以簡樸生活渡過人生，因此少有人大力主張快樂主義。

（一）人生以快樂為目的

在今天民主自由時代，提倡思想自由、行動自由，年輕人更講求率性，只要我喜歡有什麼不可以，追求快樂、享樂、安逸、舒適者愈來愈多。二〇〇六年，作家吳淡如出版《人生以快樂為目的》一書，主張快樂比什麼都重要，對於年輕人追求快樂更是推波助瀾，吳淡如更在自序中表示這本書受到很多年輕人支持感到自傲。

然而，追求快樂、享受是要付出金錢的，很多人都沒有先苦後甘的觀念，而且現今年輕人多不能吃苦，因此出現了畸型現象，無論家境如何先求快樂、享受再說。復由於父母疼愛子女，有錢人家不吝於給小孩金錢享受，臺灣陸續發生富少爺開毒趴而毒死人事件，淫蟲性侵偷拍案件，飆車撞死人亦時有所聞。更誇張的是藝人兒子到美國念書，擁有軍火、槍枝還要發動恐怖攻擊，為追求快樂光怪陸離事件層出不窮。

在平日生活中好逸惡勞的現象所見多是，我常到新店圖書館閱覽書報雜誌，到三樓的電梯很小，規定是供老弱婦孺使用，但年輕人時常跟著老人擠進去，我有時候忍不住要勸他們年輕人要學習吃苦，並告知個人年輕窮苦年代連圖書館都沒有那有冷氣可吹？然而，言者諄諄，聽者邈邈。

我住在捷運站旁出門常搭捷運，就常見中學生不搭電扶梯跟老弱婦孺擠進電梯，又如青壯乘客坐在博愛座不願禮讓，我常告訴他們有一天他們也會老，這都是好逸惡勞的一面。

更有進者作奸犯科，加入詐騙集團輕鬆獲利，甘冒生命危險運毒、販毒，在東南亞地區被捕因而處死、坐牢者數以百計，也有到中國大陸工作只圖歡樂享受，最後成為臺流在陸流浪或遭遣返回臺。

（二）年輕人好逸惡勞者多

在臺灣好逸惡勞者，男的當保鑣、女的下海當酒女，都想以輕鬆方式賺到錢。男人走入黑道就成不歸路，不學無術，終生渾渾噩噩過日子；女人下海染黃，年輕時可賺點錢，人老珠黃之後，又無一技之長，必窮苦地過晚年。這些人如能在年紀不大時急流勇退，回頭是岸，從事正常工作尚可得救，過了中年以後沒有工作意願，就只能在黑暗中過其一生。

無知的年輕男女選擇輕鬆但容易賺到錢的工作，好逸惡勞的行徑，也潛在著因而坐牢、死亡、失去健康的可能，這和投資理財中「高獲利高風險」的道理是一樣。但是這些青年父母親未善盡教導責任應受譴責，其中大部分父母親未受良好教育，甚或家庭貧困，真的如社會學裡所說，家世狀況有世代遞延情形，富者恆富貧者恆貧。

（三）月光族寅吃卯糧

臺灣和大陸青年都有「月光族」，每個月收入都用光光，無法儲蓄存錢以供年老退休之用。長期下去年老退休沒有積蓄成了「下流老人」，鄰近的日本、韓國也有此現象，年輕人薪水低、收入少固是原因之一，但是就有人因此兼了多份工作，兩份、三份甚至四份，以期達到臺幣月入四、五萬的水準，自然有多餘的錢存下來，作為買房、結婚、養老之用。

月光族無法存錢，當然跟「好逸惡勞」或多或少有關係。他們的工作較輕鬆，無須特殊技術、高深知識、勞動體力，收入自然較少。臺灣有些技術性、耗體力的工作，例如水電工、機械電器修復、營造業工人日收入都在兩千元以上，由於日曬雨淋又需技術、體力，很多年輕人不願做而很難找到人，工資自然很高。

水和電是日常生活所必需，二〇一九年初，家裡變電器壞了無電可用，浴室水管爆裂水流不止，還好離家不遠有個水電行，立即跑去找人，年輕的老闆多在外邊忙個沒完，他太太急叩她公公前來修復，這老鄰居六十好幾仍是手腳俐落，更換變壓器、修復水管都很快完成。他感嘆年輕人少有人願意學習，老人家只好繼續做，而且把技術教導給兒子，兒子正值壯年，學有一技之長，一生不用擔心生活問題。

月光族還有個特性是「愛享受會花錢」。由於社會進步日益繁榮富庶，休閒娛樂自然有增無減，中年上班族利用假日散散心，有錢人家帶著子女外出旅遊。看在年輕上班族眼裡有樣學樣，跟著享受花錢當然成為月光族，尤有進者，竟有銀行開辦「出國旅遊貸款」，年輕人貸一筆錢出國享受一番，回來之後再每月扣錢返清。這些少年吔「寅吃卯糧」長期下去，不僅無法存到錢還負債累累，年輕人不願結婚這也是原因之一。

（四）先苦後甘追求未來快樂

個人第一次出國是三十七歲，而且是跟著長官擔任隨團秘書，利用公費到美國訪問姊妹縣市。想到今天臺灣年輕人不能吃苦、寅吃卯糧，復且很多菁英少年到歐美或到中國大陸念書，他們可能一去不回就在國外工作，臺灣又因民進黨鎖國停滯不前，臺灣未來真前景堪憂！

追求快樂大家皆然，我也不能免俗，在日常生活中安排一些小確幸，一則在辛苦平淡的生活中增添花絮，另則犒賞自己工作的努力。年輕時喜歡看電影，除娛樂之外可增進新知；年長之後則多旅遊，在臺灣島內或到中國大陸採訪名勝古蹟，印證學習中國歷史和地理，以行萬里路眼見為憑來充實自己。平日則出外吃吃美食，由於內人長年吃素，個人只好一個人到五星飯店buffet餐廳大快朵頤，想吃什麼就吃什麼，想吃多少就吃多少，觀光業中的吃喝玩樂就是如此吧！

然而追求快樂給我最大的激勵，就是努力賺錢先苦後甘存點積蓄，俾於年老之時可以安享晚年，這是有生以來努力工作，積極上進的原因。希望所有年輕人懂得這個道理，以免老了之後孤苦無依成為「下流老人」。

二、男人心想要的首推金錢財富

中國自古有諸多錢相關的銘言：

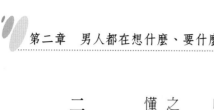

1.有錢能使鬼推磨：深信金錢萬能，可以擁有一切，甚至買到官位。

2.有錢判生無錢判死：這是人們大都不相信司法的主因。

3.貧居鬧市無人問，富居深山有遠親：這現象自古有之，而在今日金錢至上的拜金社會中，更令人深刻體會「金錢財富是社會地位的象徵」。

金錢對人們有如此巨大能力，因此每年伊始就到廟裡祈求平安、發財，人們相見就祝福恭禧發財。發大財的機會不多，發個小財增添荷包，甚至改善生活也心滿意足，因此過年期間彩券行大發利市。或許金錢並非萬能，但沒錢萬萬不能，因為會使人生活都過不去。

男人長大就得自立自主，即使念書到三十歲仍得離開學校面對社會，一個男人無法賺錢自立待在家裡，現今都以「啃老族」稱之。結婚之後生兒育女，就要負擔家計照顧妻小，如再買房置產作為棲身之所，其金錢壓力可更大了。

金錢財富是社會地位的象徵，半生以來這個體會深入我心，在至親好友之間都存在這個現象。可見金錢財富對人們多重要，男人要扛的重擔大於女性，故有「男人真命苦」的話。有些人擔負不起這個責任，選擇不結婚，一直和父母親住一起；甚至於想辦法從父母親那裡挖錢，利用手段把父母財產據為己有。

（一）人為財死所見多是

臺灣很多年輕人好逸惡勞、不能吃苦，由於教育普及，每人都有高中、大專以上學歷。但輕鬆工作賺錢機會不多，又想在這花花世界過得快樂享受的生活，於是進入少付出高獲利的行業，加入幫派當保鑣、運毒販毒、投入詐騙集團。

在黑道中當保鑣抽地盤稅，可以有輕鬆收入過生活，但無一技之長很難脫身，一輩子混混不僅聲名不佳，還有安全上的問題以及如何教育下一代。投入販毒、運毒、製毒獲利更高，臺灣教育普及但也培養了一些製毒高手，在市面上買些原料而後找個隱密的地方作成毒品，在島內販售甚至賣到國外。復因臺灣對於吸毒、製毒、販毒刑事判決甚輕，因而在臺灣毒品氾濫已成重大隱憂，這些毒品集團在島內獲利並不滿足，於是外銷到東南亞國家成為主流。印尼是回教國家，緝毒積極且對毒販處予重罪，但因價格昂貴獲利較高，仍有臺灣人鋌而走險，二〇一九年初，就有印尼警方在捉拿毒梟時，當場擊斃一名臺灣人。如今印尼關押的臺灣毒販在百人以上，被判死刑的有十餘人，這樣拿生命開玩笑的行業值得去做嗎？

小偷在臺灣十分猖獗，小小的動作、短短的時間就可弄到錢，其主要原因是臺灣對於小偷的處罰十分寬鬆。偷竊不昂貴物品警察不理，法官不起訴，重大竊案關幾個月、一、二年，放出來後重操舊業，過著悠閒安逸的日子。但偶有小偷遇到警察追緝，跳樓逃跑時摔傷或摔死，也有在攀爬偷竊的過程中不慎摔死，這種戰戰兢兢的日子過的值得嗎？

二〇一七年中，臺灣有土豪哥事件，一個肥胖的董事長之子開毒趴找女人，而後有小姐中毒死亡，土豪哥是召集人又提供毒品，當然要負刑責而被判刑。好玩懶做的年輕女性不知醒悟，二〇一九年七月，又有十七歲女孩參與吸毒、性愛趴，和多名男人鬼混後死亡。該女孩來自外籍單親家庭，為母親分擔家計值得嘉許，但步入高收入高風險的行業，最後為錢而死值得嗎？

在黑社會中混日子，當你是小弟時就要常常挺身而出，為爭地盤、爭面子和人正面衝突，因而身體受傷甚至斷手斷腳；當混到作老大時，或由於過去的恩怨仇恨陷入危險，臺灣黑幫老大被仇敵行刑或槍殺時有所聞，而被下屬小弟殺死者也有之，這都是人為財死的事例。

（二）眼看他起高樓眼看他樓塌了

我從小住在草屯的鄉下，鎮上有幾家醫院在老一輩克勤克儉醫師經營下，都累積不少財富而成為鎮裡少數的有錢人，包括我家耕地的地主，一位好友的老爸和一遠房親戚。一九七〇年代以後，這些老醫師逐漸凋零，龐大家產依例分給子女，每一子女所得依目前價值估算都在億元以上。

這位好友在中學、大學期間，時常邀我到他家別墅去玩，那別墅約有五百坪，中間為日式建築，四周種有荔枝、龍眼等水果，這是當時鎮上唯一別墅甚是氣派。這位好友在繼承家產之後，投入建材生產行列。然而建築業隨著景氣循環時好時壞，在遇到一次景氣寒冬之後倒閉了，不僅賠了所有家產，而且依當時票據法因刑事罪責身繫囹圄。

我那遠房親戚因為單傳，年老後將所有財產全歸孫子一人所有。一九八〇年代，那孫子把龐大資產投入證券經營行業，在一次景氣蕭條股票大跌之後，賠掉了所有資產，如今孑然一身投靠親友維生。

二〇世紀中，臺灣林家大同公司富甲一方，家家戶戶都用大同電鍋，隨後電冰箱、冷氣機都業績長紅。二十一世紀之後，由於企業方針未能跟上時代，又有投資失利的情況，如今企業王國搖搖欲墜。東森王家集團也曾經在一九八〇年代紅極一時，在企業界、政治界呼風喚雨。然而創辦人習於紙醉金迷享受生活，上世紀末集團瓦解，創辦人遠逸美國，有子女因而身繫囹圄。眼看他起高樓，眼看他樓塌了，真如俗諺所說：創業維艱，守成不易。

（三）人兩腳錢四腳．投資理財學問大焉

早年臺灣鄉下多是窮人，大家都想發財致富，但努力多年發不出財、賺不到錢，因此有著「人兩腳、錢四腳」的俚語。

服公職期間曾聽到一位國際知名經濟學家演講：投資理財是一門深奧的學問，一個人能夠作好投資事業，並成功理財穩定獲利是很不簡單。

多年來仔細觀察果然如此，這話中包含兩件事：一個是投資的行業尤其是製造業，無論傳統產業或高新科技，數十年下來能夠屹立不搖、穩定獲利並不容易，除選對投資項目還得與時俱進，迎合市場以及消費者的需要。前述臺灣大同公司原來事業龐大、獲利豐厚、人才濟濟，數十年下來卻落得虧損、逐漸萎縮的狀況。

成功理財穩定獲利，係指錢滾錢不作投資於工業、商業，這包括一般企業中的財務部門以及單純基金。把錢存放銀行可以生利息，也是理財方式，但是非常穩定沒有風險卻獲利甚低。把錢投資在股票、不動產、基金甚至外幣，風險較高但獲利也較多，這是「高獲利、高風險」的原因。如今國際貿易、經濟自由化，把錢投資外國股票、基金、貨幣相當多，能夠精準選擇投資標的又長期獲利可不是簡單的事，這是為什麼國內勞工退休基金、公務員退撫基金常被批評獲利不佳的原因。

半生下來看了很多世事，最穩當的賺錢方式就是繼承父業，老一輩人所創事業能夠穩下來且賺到錢，子女們接班後蕭規曹隨也多能賺到錢。有幾個侄子在臺灣創業有成，再把事業拓展到中國大陸，數十年了事業都很穩固。如今過了花甲之年均逐漸交班給子女們，長輩在後邊指導復且聘請顧問監督，事業都能在穩定中成長。

子承父業還包括前述父親是水電技術員，兒子學成後開設水電行；還有鄰居早餐店亦復如此，他們子女多年前曾問我如何考取公務員，十年過去了，他們還是跟著父母學作早餐、賣早餐。

我家世代務農，兄弟們不善理財，除一位兄長繼承父業，其他有當醫師、當農會廠長、當鐵路工程處長。我任公職後轉任大學教職，但對於發財始終抱著夢想，半生下來結果投資不當以負債作收，如今深切體會到人兩腳、錢四腳，投資理財學問大焉。

人們想發財、賺錢的夢想是不會改變的，高雄市長韓國瑜於二〇一八年競選時，提出「貨出去、人進來、高雄發大財」口號，非常吸睛也很實際，結果高票當選高雄市長。後來代表國民黨競選臺灣領導人，提出「國家安全、人民有錢」競選目標，同樣獲得迴響，受到不少人支持。

中國改革開放數十年來，以中國特色的社會主義為發展目標，如今成為世界第二大經濟體，人民生活大幅提高，符合中國人賺錢發財的理想，中國的發展、策略都走在正確的道路上，這是正在崛起的中國。

三、男人喜歡追求地位權勢

（一）權勢地位令人迷惘

人在生活無虞不愁吃穿之後，就會追求地位和權勢，在這方面的追求，男人較之女人強烈得多，因為在追求過程中不免於激烈的鬥爭、爭奪。至於地位和權勢能夠帶來什麼呢？擁有地位權勢可以得到許多，可掌握大權指揮支配他人，可滿足個人的成就感，可創造一番事業，可名留歷史。

為了地位權勢有人六親不認，唐太宗的玄武門之變，殺掉所有兄弟，除掉所有障礙自立為皇帝。康熙皇帝在位六十一年，他有五十名子女，包括二十四個皇子，為了爭奪繼承皇位結黨結派互相傾軋。一九九〇年三月，李登輝為了爭取大位，動用八個政壇元老勸告林洋港，他只作一任就交棒給林，但李某為了地位權勢在所有臺灣人面前食言而肥，是為活生生的例子。

我有位長官擁有博士學位，人際關係良好，四十初頭就升上司處長級職位。他為了仕途不僅經營和高層的關係，也和同事、部屬相處融洽，時常以聚餐、應酬和大家建立良好關係，然而卻忽略了身體健康。五十初頭他當上了中央行庫董事長職位，但在位不到二年因病過世。

我住在臺北縣內的縣轄市，有位民選市長在政壇上奮鬥多年，平時也注意和選民關係，時常在應酬中喝啤酒。然而啤酒精度雖低，但喝多了對於腎臟是一大傷害，這位市長就在任期中因腎敗壞而過世。

多年前有個雲林縣長，家境窮困卻努力向上，從鎮民代表、縣議員、鎮長、縣議長，最後如願地當上縣太爺。上任不久就發現得了肝癌，由於病入膏肓無法醫治，這位縣長就在很不甘心中離開人世，得年才五十四歲。

權勢地位會使人迷惘，使人麻醉而不知民間疾苦，忘卻是非對錯，努力的初衷，就如韓國瑜批評民進黨「權力中毒」，一語戳破他們吶喊的口號、建黨的目標。

很多黨政要員下台了，仍對權勢念念不忘，藉由各種機會影響未來政局，培養自己的接班人，有人如百足之蟲死而不僵。民主進步黨更有多人在遇到挫折時，信誓旦旦大呼退出政壇，但是沒有一個退出，真的是如吃了迷幻藥不知所云，就像毒蟲說要戒毒，卻仍繼續吸個不停。

（二）人生自古誰無死，留取丹心照汗青

人生是很短暫的，「虎死留皮，人死留名」，一個人蓋棺論定就是後人對他的評價，功過是非都會有人加以評斷。一個凡夫俗子過世後，多由其親友、鄰居作為茶餘飯後的話題，政壇人士則會有政界評價其是非功過，橫跨政界、學界知名人士，則有政界、學界後人給予評斷。

歷史上的英雄人物，使人傳頌千年仍聲明不墜的，必然有其偉大功業，對國家社會有重大貢獻，岳飛、文天祥是以生命抗敵救國的代表人物。關公則以其義薄雲天受世人傳頌，並以關聖帝君奉祀之。中國歷史上千千百百的英雄人物，吾人最景仰的有二位，即漢朝的蘇武和近代的孫中山。

蘇武是在漢武帝數度打敗匈奴之後，奉派出使匈奴締結和平盟約，蘇武使節團到達匈奴王部落不久，竟有屬下參與匈奴部落王位爭奪戰，事跡敗露屬下投降，蘇武被捉拿問話逼供勸降，他始終否認參與其事，匈奴利劍都指到他喉嚨仍然不為所動，蘇武更以隨身短劍自殺明志。這項舉措讓匈奴王大為吃驚而且敬佩異常，在給予保暖止血之後打入大牢，匈奴不給蘇武吃喝生死由之。蘇武倚靠冰雪融化後滲入帳篷水滴活下來，數天後匈奴前來查看，蘇武仍然活著亦大為驚訝。他們知道軟的、硬的對蘇武都沒作用，只好把他放逐到北海即今天貝加爾湖，要他牧羊到有天公羊生小羊才回來。匈奴擺明要他死在那兒，而且也向漢朝表示蘇武已死，名將李廣之孫——李陵為查明此事，被匈奴捉拿後投降，他並往北海勸降蘇武。蘇武依然故我，並於得悉漢武帝已死，朝南方痛哭一陣以有辱皇上使命為憾。

漢朝於確認蘇武仍然在世消息後，遣使告知匈奴：漢朝射下鴻雁得悉蘇武傳達存在訊息，籲請匈奴把蘇武送回，此時漢朝和匈奴已趨和緩乃將蘇武送回。蘇武四十歲出使匈奴，六十歲始回漢朝，在冰天雪地過了二十年，他所攜帶的使節權杖原有旃旄早已掉光，他仍緊握在手要完成漢朝賦予的使命，古今中外未有的氣節，吾人實應景仰記述之。

革命先行者孫中山先生，以一介書生號召全球華人推翻數千年帝制，建立亞洲第一個民主共和國，影響現代中國歷史以及數億華人之命運功莫大焉。孫中山最令人稱道者在於不謀個人利益權位，擔任大總統之後不久即讓位於袁世凱，退居在野致力於中國建設。以建國大綱及實業計畫努力中國現代化，終以積勞成疾英年早逝，但不失為世界偉人的地位。

（三）人民團體領導人——地位之象徵

隨著社會進步、經濟繁榮發達，人民團體數量愈來愈多。依據民法人民團體有社團法人及財團法人兩大類，社團法人又分公益法人和營利法人，前者如工會、農會、商會、同鄉會等，後者如公司、銀行等。財團法人則是以公益為主，如基金會以金錢財物集合從事慈善事業，也有設立醫院服務民眾。

營利法人以及基金會都管錢管財物，自然是大家爭取的對象。有些人在掌管期間吃香喝辣之外，更利用各種手段掏空公司資產，經人檢舉發現當然移送法辦。

公益法人則是以爭取同行之利益為目的，工會、商會、農會、工業會均各有其服務對象，當上理事長多是該地區該行業的知名人士，倚賴其聲望可以對地方產生相當影響力，因此到了選舉季節各黨派各勢力爭相拉攏。

吾人以工業會為例，領導人都是自己作事業有成，出來領導業界同仁，但是這些大老闆大多從事國際間的生意往來，如擁有理事長頭銜則在國與國間事業合作更為得心應手，既服務業界同仁又有助於自身事業何樂而不為？

但有些公益法人卻是苦哈哈，尤其是體育界各類協會，會員多是運動員會費收入有限，想擔任理事、理事長的，就必須在任期間貢獻財務、金錢，協會才有經費舉辦各項活動，一任理事長下來捐獻數百萬元是常有的事。他們所能得到的是名聲、地位，另外有人是以作公益、作功德的態度服務這些運動員，喜歡打高爾夫球的贊助高爾夫球新秀，喜歡打桌球的培植桌球年輕好手，就如佛家所說的積德、積福吧！

四、男人多喜歡女人美色

（一）上帝創造女人女人創造全世界

《上帝創造女人》是一九五六年法國出品的電影，這部文藝愛情片女主角碧姬芭杜（Brigitte Bardot），片中嫵媚動人、妖冶美艷發揮得淋漓盡致，她被美化為一代尤物、上帝的傑作，而法國則被稱為創造女神的國家。

女人創造全世界一點不假，孩童時代喜歡逗弄貓狗寵物，母貓生小貓，母狗生小狗，更想去看小貓、小狗的模樣，結果牠們都把小孩看得緊緊的，人一靠近牠們馬上發出警告聲，張牙舞爪作勢攻擊，為母則強的動物本性表露無遺。萬物之靈的人類亦復如此，常見危難發生時母親常奮不顧身保護搶救子女。

中東敘利亞內戰已持續數年，庫德族人無法建國，散居在敘利亞、土耳其和伊拉克的庫德族人只得自立自強，女性族人組織軍隊和男人共同守護家園保護族人，巾幗不讓鬚眉展現女性堅強韌性的一面，這是人類生生不息綿延不絕的動力。

（二）女人如花秀色可餐

古往今來文人墨客總喜歡把女人形容是花，如花似玉、花容月貌、花枝招展、閉月羞花，十八姑娘一朵花，女人四十一枝花，唐伯虎的賀花賀月賀嫦娥、賞花賞月賞秋香，都把女人和花連結在一起。

臺灣有一首優美的歌謠「白牡丹」，也是藉由花的美麗來形容女性，歌詞非常優雅含蓄：

白牡丹，笑文文，嬈嬌含蕊等君親，
無憂愁、無怨恨，單守花園一枝香，
啊……單守花園一枝春。
白牡丹，白花蕊，春風無來花無開，
無亂開，無亂美，不願旋枝出牆圍，
啊……不願旋枝出牆圍。

歌詞中隱喻一個美麗的女人待字閨中，不隨便出門、亮相，而靜候如意郎君上門提親。

花有千萬種形色各異，在花園中奼紫嫣紅，恰似人類有上千上萬人種，而且服飾穿著各異，即或同一民族也長相各異，因此以花來形容女性自是非常恰當。

二〇一九年七月一日加拿大國慶日，偕同家人漫遊溫哥華港邊Waterfront，那是知名旅遊觀光景點，適逢國慶日遊客如織，又有加國演藝人員作秀，使得景區更是熱鬧，吸引了北美洲、南美洲乃至日本、韓國遊客。由於當天氣候較熱，女性多穿著清涼，南美少女少婦更是不吝曝露美好身材，東方女性也花枝招展，難得看到像花園般的繽紛景象。

由於美女具有巨大吸引力，因此在國語中有句「秀色可餐」，來形容女性美得像美食想吃下去。成龍和吳綺莉的戀情曝光後，他說了一句名言「我犯了全天下男人都會犯的錯誤」，這句話非常誇張，把所有男人都罵進去了，但也顯示男人多喜歡女人、美色。

（三）女人撐起半邊天

在男人主導的社會裡，女人常被視為是弱者，但在歷史上女人可以興邦也可以喪邦，而美女的影響力可以「傾國」、「傾城」。周幽王寵愛褒姒，為博美人一笑，結局是犬戎入侵後被殺；楊貴妃惹起了藩鎮叛變被賜死，方才平息眾怒。西施被越王勾踐送給吳王夫差，達成了越王復國大業；王昭君送給匈奴王，完成了漢朝和匈奴和親的使命；文成公主下嫁吐蕃王，不僅達到唐朝和平使命，也開化了西藏地區。女人的媚力無遠弗屆。

現今商場上女人擔負大半角色，店員、櫃姊，各業服務人員女性占了大半，名車展示，必須配上美女以壯聲色，酒店、KTV等服務業須有女性才能吸引客人上門，新潮的網路紅人多是美女天下。在陽剛的籃球場、棒球場，有美女啦啦隊上場輕鬆一下也是吸睛焦點。國際間情報戰、間諜戰，美女間諜也是各國慣用手段；臺灣最近選舉正熱，網路空戰啟用美女小編，候選人身邊秘書、發言人都打美女牌，增加候選人曝光機會。色情行業當然少不了美女，這些行業幕後老闆多為道上人物，掌握了他的事業也控制了這些美女，把她們當搖錢樹，女人想賺錢只好任人擺佈。

男人主宰這世界以數千年，卻還有遠古時代母系社會制度存在，中國西南地區摩梭族仍實行走婚制，子女由母親和舅舅共同扶養，女性在家裡地位不言可喻。一般家庭中太太生兒育女，同時操持家務已成一般慣例，男主外女主內已是千百年來的傳統，女人撐起半邊天是不容否認的事實。

（四）英雄難過美人關？溫柔鄉是英雄塚？

古往今來多少英雄美人故事，最有名的莫過於西楚霸王項羽和虞姬，只是最後以悲劇收場；呂布橫刀奪愛，從董卓身邊搶下貂蟬，也是中國歷史名劇之一；明末吳三桂為了愛妾陳圓圓，引清兵入關明朝因而滅亡？英王愛德華八世不愛江山愛美人，甘願降為溫莎公爵；又聽說美國前總統約翰・甘迺迪和弟弟羅伯・甘迺迪，都和當時美豔女星瑪麗蓮夢露有過一段戀史？

女人給男人有種致命的吸引力，有時會導致男人失去理智，早期台商到大陸經商多有賺到錢，聽說有些台商受不了大陸美女誘惑，沉迷於女色散盡產業敗興而歸。美國富豪在事業有成後搞外遇，和原配要分手就得付出重大代價，高球名將老虎伍茲二〇一〇年和前妻艾琳離婚，付出七點五億美元分手費；男星湯姆克魯斯和凱蒂霍姆斯離婚後，二〇一五年前妻要求阿湯哥每年給她母女八十萬美元生活費；亞馬遜總裁貝佐斯二〇一九年初和麥肯姬離婚，付給前妻現金和股票約有一五〇億美元，創了世界紀錄。可見男人為了新歡，付出重大代價仍在所不惜。

漢朝把匈奴打敗後，北匈奴征戰歐洲，近世蒙古人崛起後西征也打到歐洲，得到的戰利品一為金錢財物一為異族女人。每次戰役獲勝後，慶祝的方式不外大吃大喝、擁抱美女，對這些征服者來說，就是「醉臥美人膝、醒掌天下權」。女人對於男人確有舒緩壓力的效果，在戰場和敵人搏鬥廝殺，勝敗攸關自身性命，緊張和壓力自不待言。戰爭過後有女人一親芳澤，多少忘卻壓力和痛苦，吾人以為這是日本在二次大戰時，軍中設有慰安婦的重要原因。

有人一生都離不開女人，每天都在美人窩裡過日子，最有名的莫過於美國花花公子創辦人海芙納（Hugh Marston Hefner），他眼光精準靠女人賺錢，而且一生夜夜笙歌享盡豔福，真是「牡丹花下死，作鬼也風流」。藝人陳冠希喜歡和女人攬三捻七，連人家的太太也不放過。美國藝人李奧納多也是花邊新聞不斷，TVBS曾報導：截至二〇一九年三月他的女友已來到第三十五任，而且每一任女友都不超過二十五歲。日本勵志作家乙武洋匡雖然四肢不全，卻是精力充沛、桃花運旺，已經結婚卻仍在外面偷吃數十名女性，二〇一九年初再與一名二十多歲混血妹結婚。在在不可思議，令人嘆為觀止，女人的吸引力可見一斑。

成龍外遇犯錯，卻把所有男人拿來當擋箭牌，你說對還是不對？

第三章　男人喜歡什麼樣女人、最煩什麼女人

二〇一三年十月臺灣有份報紙報導，中國人最煩感情北京居冠。文中列有感情煩惱事項、男人煩惱事項、女人煩惱事項。本人一向喜歡觀察女人，因此就女人煩惱事項中三個項目：大多數男人會喜歡什麼樣的女人？現在男人的處女情節很嚴重嗎？男人最煩女人什麼？臚列出來給有此煩惱女性參考。

一、男人喜歡什麼樣的女人

1.長相甜美

美女大家都喜歡，就連女人都愛看，只是有人看了嫉妒不已。臺灣有線電視新聞臺幾乎都打美女牌，美女主播都有粉絲無數，好事者更把所有美女主播作人氣排行榜。

在職場上美女更是各方爭取對象，空姐、櫃姐、模特兒無不以美貌取人，這也是美容、整型行業愈來愈旺，很多女性甘冒毀容風險去作整型。

美女固然較為吃香，但必須輔以其他專長才能吸引人，妳若不是美女，不要灰心，就以其他專業、專長來吸引人吧！

2.身材勻稱

女人身材在美的標準裡是極重要的要素，很高、很矮、很胖、很瘦都不會吸引人，常人多以尤物、女神、魔鬼身材來形容身材勻稱的女人。當然所謂身材勻稱也各有看法，穿衣走秀的模特兒多較清瘦，汽車界模特兒較豐腴。而南美國家所崇尚的標準則更胖些，但三圍身材必是玲瓏有緻，看來就是非常sexy。

近年來健身房愈來愈多，上班族固然是利用健身強體，但年輕女性則藉此鍛鍊健美體魄，有的雕塑三圍、有的美胸、有的美臀。所以太胖或太瘦的女性朋友，不要忽略身材勻稱的重要性。

3.有才華、有專業

女性除了前二項優勢之外，如擁有才華及專業則更吸引人。臺灣領導蔡英文原只是個學者，但在李登輝時代正巧國際間正進行關稅及貿易總協定（GATT）談判，蔡英文因是這項研究專業，利用此專長受到李登輝重用，她因此平步青雲，步步高升。只是她當「總統」能力不足，民調直直落，兩岸關係進入冰凍期，臺灣經濟逐年下滑。

4.個性獨立、不事事依賴

我們常聽說某小姐有公主病，意指這小姐類似皇家大公主，事事找人服侍，有傭人呼之即來揮之即去，從不自己做事情。男人不喜歡女人有這毛病，會影響其生活和工作，除非碰到了非用力氣才可處理的事情，盡量自己處理日常事物。如遇有難以處理的事情，可以找人詢問如何解決，而後自己動手去做，顯示獨立的個性，因為日常生活中有很多獨處的機會，不可能常常有人在旁邊幫妳解決事情。

5.有邏輯思考能力

說話做事不能顛三倒四，不著重點，讓人摸不著頭緒。當然有人回話的內容是有點相關性，但並非重點，這種思考能力或許跟智慧有關，但邏輯思考能力是可以訓練的。邏輯思考能力會影響妳的工作表現，也會影響妳的社交圈子。再者在日常生活中如遇到與人交涉事情，甚至牽涉到利害關係的事情，假設妳有良好邏輯思考能力，可讓妳立於不敗之地，不會吃虧，傷了錢財。

6.行為從容不迫、自然而不做作

日常生活中常見有人為了趕車子、趕時間，踩著高跟鞋跑步，看起來相當沒氣質，這表示她不會掌握時間，做事匆匆忙忙，一般狀況是快步走路，顯示優雅的氣質。另外就是不會笨手笨腳，時常滑跤、掉東西，假如偶而意外狀況，也能從容不迫地處理，不會大聲叫嚷，一副慌忙緊張，不知如何是好，從中可看出一個人應付緊急情況的能力。

7.具整齊清潔習慣

整齊清潔習慣，會使我們日常生活環境看來很舒服，居家非常整潔，也是個人門面的鏡子，這種習慣幾乎是每個人的要求，邋邋遢遢的環境、衛生清潔不佳，不僅令人厭惡，復且對健康不佳。再者沒有整潔習慣，會造成東西隨意丟棄、放置的習慣，久而久之，當我們需要東西找不到，就必須翻箱倒櫃。最後，這種不良習慣可能影響妳的就業求職，不能不予以重視。

8.會做事會處理問題

在日常生活中，無論個人或親友，都會遇到一些糾紛或意外的事件。妳自動出面或受託處理問題，無論是行車糾紛、債權債務問題、受雇者勞資爭議、男女間感情糾葛、夫妻不和鬧離婚等等，都能協助圓滿處理，在維護親友權益原則下解決問題，妳的工作能力必然受到肯定，妳在親友面前會令人刮目相看。

9.不多言不嘮叨

國民政府遷臺後，臺灣大學首任校長傅斯年先生有句名言：我們人一天只有二十一小時，其餘三小時是用來思考的。臺灣大學為了紀念這位大師，在校園中建有「傅園」及「傅鐘」作學校的永久紀念。

人與人之間要交流、要溝通，但不要講廢話、無聊的話，尤其在公共場合，三姑六婆喜歡大聲交談張家長李家短，這是我很難容忍的。大聲談天不是不可以，但不要影響別人，她們應另找地方要談多久都可以。很多男人喜歡環境清靜，也喜歡耳根清靜，如果必須商討事情，不要影響別人；如果要聊天，可以輕聲細語，這也代表一個人的修養、氣質，女性朋友要記得。

10.察言觀色主動積極

我們常見很多首長或主管的秘書或特助，在職場上春風得意，甚至步步高升，原因在於他們能夠察言觀色、主動積極。老闆從辦公室走出來，要馬上站起來，知道老闆是要找人來談話，或是要打電話給人連絡事情；老闆手上拿件公文，就知道簽公文的單位有問題或有細節要瞭解。老闆行程都事先瞭解，有會議、有應酬都事先告知司機待命；老闆喜歡喝茶或咖啡，每天都事先準備。老闆心情不佳時能為老闆安排活動，放鬆心情緩解鬱悶；老闆遇到困難時，能提出解決方案或找人代為處理。這些人就是能察言觀色主動積極，在職場上會受重用，甚至於快速升遷。

在親友間妳如有此本事，會讓人另眼相待，得到長輩的疼愛。

11. 善體人意說話得體

當親友說話眉飛色舞時，為他們所說的事情感到高興；他們說些抱怨的事情多少為他們感到抱屈。親友之間有糾紛的事情，能說些公道話為他們排解紛爭，臺灣話說「搓圓捏扁」，讓雙方都下得了臺階。

但以第三者說話必須注意是否得體，有個人在朋友面前說他小孩子這裡不好那裡不好，這位友人竟然說：「這小孩子沒有教好」，這下子罵了他小孩也損了他老爸。這種情況，友人最多是說到底那個地方出了問題，爾後協助解決問題方法。當然假使親友說的話並不合理，就要委婉說明他的看法有所偏差，一味地附和成為應聲蟲也是不對。

12.穿著打扮得體

人們相見之時，除長相、身材之外，穿著打扮馬上映入眼瞼，一般仍以樸實端莊為上，奇裝異服是否為人接受因人而異。

大致來說，先要配合身材且大小寬鬆得宜；其次是配合季節和氣候，搭配得恰到好處，另外就是要配合活動參與的地點：參加宴會派對就以華麗盛裝出席，開會或工作會展就以端莊套裝參加，休閒旅遊就得輕鬆便服參與。

臉部化妝仍以自然清淡為宜，除非參加派對可以濃妝豔抹出席。一般人常以皮膚白皙為美，但少數人因天生或工作關係，皮膚黝黑，不需要特別化妝顯示白皮膚，只要身材勻稱，皮膚稍黑，也是健美象徵。

13.態度舉止溫柔婉約

溫柔婉約是一般對女人的印象和概念，俗曰：溫柔鄉是英雄塚，女人溫婉的態度是男人無法抗拒的，即使做錯事情都不好意思責罵。

女人個性溫婉是一般情況，但遇到是非對錯要堅持己見時，只要立場堅定、態度堅決仍可達到目的，無須拍桌瞪眼、大聲叫嚷。這項功夫就以臺灣領導蔡英文是個典型，這小女子貌似溫柔婉約，但卻有鋼鐵般的意志，能夠在充斥豺狼虎豹的民進黨中成為領導，其手腕和意志確是令人佩服。雖然她把臺灣經濟弄得亂七八糟，兩岸關係降到冰點，卻仍有不少死忠粉絲，與她態度柔軟不無關係。

14.吃苦耐勞忍辱負重

吃苦耐勞是項美德，吃得苦中苦方為人上人，這種人受到表揚出來後，往往受到人們的讚美。二〇一八年臺灣電視臺報導，陝西女孩楊佩天生就沒有手，所有生活只好用腳打理，她學會用腳作刺繡在上海闖出一片天，受到各界的讚賞和表揚。四川羌族少女爾瑪阿依，三歲時因意外失去一隻腳，但仍樂觀進取自立自強，如今三十多歲展現好歌喉，以獨腳上臺歌唱努力作公益，開展她亮麗的人生。

作為一個身康體健的人，以吃苦當作吃補，必能在事業上闖出一片天地，依男人看來，這樣的女人將來在事業兼理家事，必能游刃有餘。

15.不計較不小氣

一般印象都是女人比較小氣而且愛計較，所以假如遇到女性大方而不斤斤計較時，男人會很驚訝而表示欣賞。大致來說，年輕人剛出社會都沒什麼積蓄，但男人在約會時多要負擔男女雙方費用，這在男生心理是種壓力。假如女生願意平分共同花費，自然使男方非常高興。

又如男女約會時，男方確有不可抗拒的原因而遲到，女方不宜興師問罪。男女一同用餐時，假如男生不小心點到了難吃的菜餚，女方必須包容不要搞砸雙方氣氛。對於雙方約會或旅遊的地點，多聽聽男方意見，不宜堅持非到那兒不可，這都是女生要留意的地方。

16.信守承諾

誠信是個基本美德，對於說過的話要說到做到。女生同意男方邀約，就必須準時到達，不要時常遲到，而且不要時常同意了卻事後反悔。因為男生邀約吃飯常須先訂位置，女生不來了變成男生對餐廳不守信用，又如決定一同出遊旅行，車票都訂好了女生卻不來，又形成尷尬的局面。

尤其男女雙方在談及婚嫁，男方邀女方和家長見面時，臨時發生變卦也是大忌，這會使男生非常下不了臺。女生對於無法信守承諾的事，當然可以時移勢遷說出一套理由，但不能時常為之，否則以後人家還會相信妳嗎？

17.聲音甜美悅耳

往昔男女約會多以電話連絡，對方聲音是個第一印象，聲音甜美自然是令人充滿希望。人的聲帶是與生俱來，和長相一樣是人人不同，但聲音優美給人的感受就是不一樣。

我每天看新聞，而且時常每家電視臺都看，女主播的長相當然是挑選第一條件，但卻有電視臺女主播長相一般卻能獲選，就因為她聲音優美，播報時唱作俱佳。日常生活中，假如另一半聲音甜美，確是個賞心悅耳的事。人的聲音雖然與生俱來，但天生嗓門不佳時，可以設法慢慢改變，以較悅耳的聲音交談，或說話慢一些，或許可遮補先天的缺憾。

臺灣知名兩性關係作家吳若權「了解男人tips」，針對六年級男性所做的擇偶條件調查報告，喜歡女性具有以下特質：

①溫柔婉約、細心體貼
②獨立自主
③感覺對、看得順眼
④個性隨和好溝通
⑤外貌姣好、體態優美
⑥聊得來
⑦沒有不良嗜好和習慣
⑧節儉、不要太會花錢
⑨想法、興趣、價值觀相似

⑩活潑開朗、個性大方

這個網路民調的結果，和個人所提很多類似之處，只是我若干要求比較嚴苛一些，學歷較高白領上班族是可以做到的。

二〇一九年八月廿八日，網路披露澳洲黃金單身漢欣賞的女性，由資深婚仲沃德（Louanne Ward）統計公佈，外在前三名是笑容、眼神、臀部，內在依序為智慧、女人味、活潑、幽默、性慾。這個令人意外的統計結果可供女性深思、參考。

曾有西方某雜誌報導，男人對女人的潛在要求有以下幾點：

1. 外表引人注目
2. 穿著有品味
3. 熱情、體貼
4. 善解人意
5. 具有交際能力
6. 風趣優雅
7. 具有持家能力
8. 有道德感

9.有藝術細胞

上述所列似乎太過苛求，復且極少人天生就能擁有多項優勢，這種十全十美的女人幾乎不可能存在。吾人建議，應就妳所專長予以發揮，妳以突出的專長出類拔萃就能別人注目，吸引到男人。

再者，每個男人所喜歡和要求也不一樣，妳如有屬意的對象，可以觀察他所欣賞的角度、類型而投其所好。譬如長相一般的女性，可以展示她身體健康，活力充沛的一面。身材一般的女人，可以展現她有才華，有專業、有見識的一面，同樣可以吸引男人的目光。

二、男人最煩什麼樣女人

(一)嘮叨、囉唆

女人較男人愛說話，這是不爭的事實，而少數女人更是喜歡說個不停，旁人沒有一點耳根清靜的時間，那是很令人受不了的。個人獨處的時候，仍然喜歡思考事情或對將做的事做個計畫，因此搭公車時如遇有人大聲說個不停，我會前往提醒：妳說的話全車都聽到了，大多數女性都能立即收斂或表示歉意。

俗話說：沉默是金，我們多些時間思考問題，計畫事情籌謀未來，應是健康的方向。當然休閒時間，茶餘飯後聊聊天是無可厚非，因此談話的時間，說話的內容仍應察言觀色為宜。

（二）控制慾強、疑心病重

女人對於男人劈腿多是不能容忍的，心眼較小控制慾較強是常態。現今通訊發達，時常打電話問你人在那裡，甚至於要你打卡、視訊傳播確認所說不假，如此疑心病重的女人令男人受不了。尤有進者搜索男人的口袋、櫃子，查尋男人有無言不由衷的事，像是對付敵人的間諜一樣。

男人畢竟也有個人的私事，有親戚之間的人情世故，有朋友之間道義往來，甚至有些男人的工作是不能曝光必須保密，假使女人務必打破砂鍋問到底，是則必定傷及彼此的信任和友誼。

（三）浪費愛花錢

俗話說：儉美德也。女人花的錢宜以她所賺的金額為限度，如所花的錢超過她所賺的，就必須有其他來源，父母或家人所給予，借貸而來或是男性友人所給。如果浪費、虛榮、愛花錢，就有可能對交往的男人需索無度，如果男友是個公子哥、富二代則應尚可付，一般薪水階級就會很受不了的，一個初入社會，結交男友時的女性，務必特別留意，而且好多大學畢業生還背負學貸呢！

年紀輕輕就奢華浪費，如有朝一日經濟困窘怎麼辦？即使家裡有錢如作公益，行行善事是多好的美德，倘若交往的是有錢人家，用錢花費也是有節有度，這種個性也會讓人讚賞的。

（四）高傲愛理不理的個性

女人愛理不理的個性，最常見於條件優越者身上，由於各項條件俱佳，追求男人眾多，就易養成高傲的個性。女人有著矜持的個性並非不可，而是適當的運用，和男人剛交往時多加運用尚無不可。在交往一段時間後，宜節制地運用。尤其妳所屬意的對象，如果一直維持高傲的個性，無法作適當的配合，會把男人嚇跑。

女人由於條件優秀而一直維持這種習性，很可能錯過一些優秀男人，很多男人事業心重，而不願花多些時間來應付女友，這是女人必須瞭解的。如果高傲、愛理不理始終不改，年齡到了拉警報的時候，隨便抓住一個對象陪伴妳，很可能遇到的是修為、事業均不佳的次級品。

（五）不能獨立、不能吃苦

女人不能獨立、不能吃苦，身旁的人會很累，大小事都要人幫忙要人做，那就請個傭人好了。每個人都有每個人的事，在外有公事，在家是家務事，最好是分清楚，哪些女人處理，哪些是男人處理。

男女朋友時代，或許女生以男友當傭人使喚是應該的，但須適可而止，而且以女生體力、能力無法處理的事情為限。如果依賴性很重，又不能吃苦，則男人會以為婚後也是如此，可能使得男友敬而遠之。

二〇一九年初，TVBS報導四川彝族二十歲少女解古阿星，長相秀美嬌弱，因父親體弱多病，她一肩扛起家計，上山砍柴、劈柴，擔負所有粗活工作，影片一出瞬間爆紅，她吃苦耐勞的精神獲得大家讚賞。

（六）笨手笨腳、常掉東西找東西

這種人就是隨興，不會小心去處理日常生活，常把東西掉了摔壞了，或是東西隨便放，要用時找不到，而後手忙腳亂。

這類個性也較無時間觀念，說好幾點出門，卻老是無法準時，如遇到要趕車子，要搭飛機就會非常緊張。

時常見到上班時間，為了趕車子、趕捷運，在月臺、車站內跑步，女人如果是這樣子會令人覺得沒有氣質，對事情沒有計畫。

還有人在車廂內化妝，在上班途中邊走邊吃早餐，不但不雅觀，也令人感覺不會安排時間，不會恬靜優雅地過生活。

（七）不會察言觀色、不識相

譬如友人諸事不順，心情鬱悶之時，卻炫耀自己得意事蹟；友人正在聊天之時亂入插話，當中有不熟人士竟胡亂批評這、批評那，甚至批評某個單位，座位中正有該單位人員在場，這些都是不受歡迎行為。

大伙聊天時，不著邊際，東拉西扯沒有方向沒有重點，會令人索然無味。又如談話間喜歡炫耀自己，在工作單位多受重視，業績斐然常受表揚；身邊多有錢，有好多名牌服飾；有多位公子哥兒在追求，都是不當行為。

（八）堅持己見目中無人

人與人之間理應相互尊重，在意見上有相左之處理應互相包容。除非妳能提出確切證據，否則不要誓死反對他人見解。朋友相處生活中的細節宜相互妥協，如大家聚餐吃什麼，個人口味多少差異，理應大家妥協折衷：和友人去旅遊也可以這次是遊山，下一次是玩水，大家就好相處。

又目中無人的個性也不適宜，就有年輕小姐住在同一大樓，同搭電梯時始終盯住手機，對鄰居視若無睹。類似狀況，即使我有什麼好康的也絕不會分享，何況常說的敦親睦鄰怎麼可能？臺灣宵小法院判決甚輕，因此到處都有，本地男女老少或老外、移工都可能是小偷，為什麼連鄰居見面都不看一下、不打個招呼，真匪夷所思。

（九）體弱多病無法配合友人

有人天生體質不佳，體弱多病，但現代醫學發達，鍛鍊體魄的常識充斥，關鍵在於有無恆心去做。體弱多病常須要人侍候，對友人來說是個負擔，一般男人不會考慮作為終身對象。

女人常常無法配合男人，邀請約會培養感情，卻常說有事拒絕，一個好男人可能就此離去。如果妳對這男人有興趣，適當的作法是回覆他最近工作較忙或家中有事，過一段時間再聯絡，甚至可以事過之後主動聯絡，男人會很窩心。

（十）行為無厘頭匪夷所思

日常生活中常見一些無厘頭行為，明明沒有太陽卻戴著太陽眼鏡，如此戴著不是昏暗不明、視線不佳嗎？還有無風、無雨也沒太陽，卻撐著陽傘，我就很奇怪曾問過一位婦人，她說要擋紫外線，都沒出太陽紫外線很可怕嗎？

還曾見到明明風和日麗的日子，竟有人穿著厚重衣服，還有人把頭用連衣式帽子罩起來，臺灣天天交通事故頻傳，耳不聽、視不明，隨時可能發生事故，類似情況令人看來百思不解，且對個人行的安全多少有影響。

（十一）水性楊花——北港香爐人人插

臺灣名作家李昂有句銘言形容女人水性楊花：「北港香爐人人插」，以此形容女人人盡可夫，非常優雅、隱喻的形容詞。

中國仍是有些男女不平等的觀念，男人有很多女性對象，會讓男人羨慕且嫉妒，甚至佩服其手腕高明有女人緣。女人有多位男性友人就說水性楊花，像個北港香爐，中國大陸社會是否仍有這種想法呢？

近年來臺灣女權高漲，對於這種女人已不再用此戲謔的形容詞，甚至交際花的用語也很少見，而是用「社交名媛」代之。這些女人往來都是權貴人士，身上穿戴動輒幾十萬元，在這金錢崇拜的社會裡還讓很多人羨慕不已。但我等凡夫俗子（ordinary people）仍敬而遠之，一般人仍以形像清新、純潔女人為上，沒有時間、金錢、心情和這些女人攪三捻七。

（十二）急躁易怒愛罵人

古希臘哲學家蘇格拉底有個剽悍的妻子，有次他靜坐沉思，太太叫都叫不動，於是拿起鍋碗瓢盆在他身邊大聲敲打，蘇格拉底不動如山，他太太忍無可忍拿了一盆水來從頭上淋下去，蘇格拉底醒過來了，他淡淡地說「先打雷而後下雨，這是自然現象」。

我們常人沒有這樣的修為，因此有外人形容中國人急躁、易怒、愛罵人。近年來我們教育水平大幅提升，這種現象已較少見，但對於動不動就發脾氣，行為粗魯無禮，撞見會很難接受。一般文明人士說幾句難聽的話就會令人警覺，一句罵人的話就會令人敬而遠之。女性給人的應是溫和委婉的形象，動不動就發脾氣，會令男人無法接受。

（十三）板著臉孔面無表情

平日外出時常搭捷運和公車，我總喜歡東張西望看人，尤其是女人，那些是上班族，那些是工人階級，當然看到美女會仔細觀察。但總是有人板著臉孔面無表情，這種狀況應該是在跟人爭吵時才會產生。上班了應該開心地迎接一天的開始，下班了卸下工作，應該以輕鬆的心準備休息。

這種愉悅的表情以日本女人表現最佳。我每天都到超商買東西，各家店員的表現差異很大，和顏悅色互動積極的店員，常吸引我時常去光顧。住家附近有家手機門市部，有位女店員長相不差，也穿得潔白亮麗，但老是板著臉孔，應對談吐都站在自己立場說話，雖然五官秀麗，卻未能給好感的印象，值得年輕人注意。

三、男人欣賞的職業女性——女記者

西方國家數百年前民主浪潮興起之後，就標榜三權分立，行政、立法、司法三權鼎立相互制衡。二十世紀新聞媒體崛起，傳播技術日新月異，其和言論自由相結合，形成影響國家社會的一股新勢力，因而被稱為第四權，新聞媒體的影響力仍有增無減之中。

臺灣號稱「亞洲民主燈塔」，言論自由自一九八七年七月十六日解除戒嚴之後更是洶湧澎湃，自由程度已列全世界前茅。有線電視開放以後，電視臺林立，百家爭鳴，又由於臺灣人熱衷政治，電視新聞臺多有政黨操控或政黨傾向，政黨間競爭、對立，擁護者的推波助瀾，新聞臺收視率飆升，記者和主播地位愈顯重要，其中平面媒體仍具相當影響力。早期平面媒體記者出身，如今在臺灣響叮噹的人物，有國民黨前主席吳敦義以及監察委員王美玉，兩位都是出自中國時報。電視臺主播出身的，前立法委員李慶安，今日臺中市長盧秀燕，臺灣SOGO百貨董事長黃晴雯，可見女記者中潛藏著人中之鳳。

近年來臺灣每兩年就有一次選舉，一個中央的，一個地方的，電視新聞臺主播益顯重要。雖然男主播、女主播都有，但美女主播較受歡迎，因為瘋政治的男性遠多於女性，有線電視臺各家都打美女牌，不僅長相秀麗，聲音甜美，臺風優雅更是不可或缺。

就近年之比較觀察，東森新聞臺主播吸引力略勝一疇，陳海茵無論長相、音質、播報臺風均無話可說，曾獲多次最佳播報員。該臺另有陳瑩、王佳婉也是重要臺柱，氣象主播王淑麗口才和音質可是一流，不僅聲音甜美而且口才便給，播報氣象可以唱作俱佳，也多次列為最佳播報員。中天新聞臺也有多位美女主播，盧秀芳、張雅婷、劉盈秀、洪淑芬是為代表人物，盧秀芳播報如行雲流水之外，再加上一些恰如其份的形容詞，使播報內容錦上添花，使人更益於瞭解，才華不下於令姊盧秀燕市長。張雅婷播報中規中矩，劉盈秀則聲音特別甜美，再加上曼妙身材，也是受歡迎主播之一。TVBS主播則是葉佳蓉一枝獨秀，集美貌、才華於一身，成為今日該臺臺柱，其他如蔡宜靜、黃星樺、錢麗如、陳韻涵、秦綾謙雖不是很突出，但都在水準之上，平均素質可說是各臺之冠。

吾人所以特別提到這些女主播，是因為這些主播多具外貌美麗以及蘊含才華，站在主播臺上要行雲流水地播報新聞不吃螺絲很不容易，除口才便給之外，反應能力更不可少。在播報新聞當中，有時候有緊急新聞插播，這些主播都能應付自如；對於每則新聞內容都播報得條理分明，觀眾一目瞭然，除了天份不差之外，還得有一段時間的嚴格訓練。

優秀的女主播，就是應驗了前述「男人喜歡什麼樣的女人」中的條件，外貌美麗、聲音甜美外，說話得體、應變能力、邏輯思考都俱備了，因此是大家所欣賞的女性。有多位女主播因此獲得豪門世家的青睞，嫁入豪門享受榮華富貴，更有多位藉憑她們的知名度闖蕩政壇，有進入國會殿堂，而當選地方議會議員者更不在少數。

由於新聞記者對於時事敏感度甚高，邏輯思考、分析輿情的能力日積月累之後，好多人因而變成「名嘴」，上政論性節目討論熱門話題，除了增加額外收入，也累積了聲望和知名度。俟一段時間淬煉之後，可晉升為節目主持人，其名望和收入又晉升一級，而具有專業及才華的，更可能為政黨所吸收，競選地方議會議員，甚至立法委員。

臺灣各大學新聞科系、大眾傳播科系因而成為青年男女首選，只是本身條件包括外表和能力是否能夠承擔主播工作；再者，剛進入電視臺必須到外面跑新聞，經過一段辛苦的磨鍊階段，表現成績能為公司所肯定，才有站上主播臺的機會。當妳對表達能力、邏輯思考、機伶反應都有自信，再走上這條大眾傳播媒體之路吧！

四、現在男人的處女情結很嚴重嗎？

1.興趣合不合？不，是「性器」合不合！

臺灣有個女名嘴，說話尺度不拘，腥羶程度沒有上限。有一次她接受採訪，強調男女相處興趣合不合很重要，主持人以為是一般所說類似嗜好方面的問題，沒想到她說是「性器」合不合很重要，也就是性生活協調很重要。

這個問題一般人不喜歡公開談論，很多夫妻分手多是說個性不合而分離，實際上性生活無法協調占比不少。每個人對於這方面的喜好程度不同，做愛習慣和嗜好動作都不一樣，連婚前曾有性行為再結婚都不見得「性福」。因此之故，有前衛人士主張男女「試婚」同居，雙方合意後再結婚，但這對女人來說吃虧很大，好色之徒只是利用以滿足自己的慾望而已。

「試婚同居」這是臺灣的說法，大陸則說是婚前試愛——婚前共同生活。臺灣由於地域狹小，家人和年輕人易於聯繫，也比較容易於週末返家，因此試婚同居比較少；也因為男女平權觀念較為強烈，而認為試婚同居是女方吃虧，男生可以說走就走，因此家長多持反對態度以保護自家女兒。

中國大陸則不同，幅員廣大迫使子女必須在他省，甚至遙遠的地方工作、念書，週末無法返家，青年男女就用以戀愛交朋友。許多家長為了女兒將來能順利地結婚找到另一半，對於女兒交朋友談戀愛就採取比較開放的態度。根據調查近七成青年男女贊成婚前試愛，而且過半數單身男女認為戀愛三個月就可以同居。就經濟層面來說，兩人共同生活花費可以節省一些，可說一舉兩得。再者，大陸青年對於婚前試愛態度比較嚴肅，臺灣的男生比較有乘機占便宜的心態，因此臺灣青年男女試婚都保密不願人家知道。

男女結婚後就有忠貞的義務，不像婚前試愛可以說走就走。然而男女都有外遇問題，追根究底性生活無法和諧美滿是最重要原因，一般是男人外遇比例較多，另一半發現老公有此跡象，也跟著在外面找男人，反正男女平等，互不虧欠。另就以現代社會開放，人與人間往來互動頻繁，而且交往途徑很多，女性豪放而在外面偷腥的也愈來愈多。臺港澳藝人一舉一動都攤在陽光下，更有狗仔隊喜歡發布獨家新聞，男女藝人間攪三捻七的傳聞不斷，其實不為人知或被壓下來的不知凡幾。

這是複雜社會中的一環，如何趨吉避凶，尋找到各方面都能契合的對象只有依靠個人的智慧，當然「運氣」也很重要，幸運者白首偕老，運氣差的全家雞犬不寧，這大概就是人生吧！

2.如果男人的處女情結很嚴重如何化解？

根據前述調查，現在中國大陸青年男女七成同意婚前試愛，因此保守份子、衛道人士不超過三成。該調查未敘明男女贊同比例各有多少，男性贊同比例一定比女性多，既然多數男性贊同同居試愛，則要求女性是處女就非常不合理，這種男人就是大男人主義、男人至上者，當然是極少數。

臺灣算是新聞很自由的地區，平面媒體、電視新聞報導相互間很競爭，時常以獨家新聞吸引觀眾注意，另外就是以名人緋聞、男女關係、性愛消息博取版面，滿足觀眾的好奇心，其中又以綠色媒體特別喜歡報導。例如女人在夜店門口被撿屍性侵、計程車司機深夜搭載女客而後性侵、男女網友首次約會就發生性愛暴力事件、單親狼父從女兒幼童時就對其猥褻等等。我觀察新聞報導內容，成年女性被性侵時似乎都有過性經驗，也就是並非處女，臺灣成年女性沒有性經驗的既為少數，男人怎可能還有處女情結？

然而，為因應少數男人的處女情結，我建議女性編個小故事作對應，以弱勢、被動、受憐憫的姿態，化解男友的處女情結。例如：

①我是被下藥性侵的犧牲者。

②我和友人喝酒，爛醉以後我不省人事。

③我和男友去旅遊，事先說好不得逾矩，但不幸的事仍發生了。

④我和前男友已論及婚嫁，哪知雙方家長不同意而分手。

女生編故事時，務必講得確有其事的模樣，爾後裝得楚楚可憐，男人多會同情弱者，他們的處女情結必能因此化解，何況未婚男女有過性經驗者比例並不在少數。

3.男人的處女情結隨著年齡增長逐漸淡化

兩岸三地華人隨著社會開放離婚比例逐年升高，日漸逼近歐美水準，離婚後男女多只中年甚至更為年輕，人生仍有一段漫漫長路要走，因此再婚者不在少數。我在臺灣見到中年後來臺大陸女性多是離過婚，很多是同鄉介紹，也就是在臺大陸籍男性返鄉後，介紹大陸親友嫁來臺灣，也有目前在臺大陸女性介紹其親友嫁過來。

我愛看「移居世界秘境日本人好吃驚」，其中女性嫁到國外的也有是結過婚，臺灣也有女性離婚後遠嫁國外，因為網路世界無遠弗屆。大致來說她們想離開傷心地，忘卻過往的是是非非；再者臺灣和日本幅員較小，容易撞見親友，畢竟離婚是個不太名譽的事。

不僅如此，男人有性經驗之後，比較花心的喜歡找性經驗豐富的女性，或許是因為比較能得到更高的樂趣。曾經有位名人甚至於用「遍嚐異味」，來形容那些喜歡拈花惹草的男人，因為他們會找不同國家的女人尋求歡樂。

女性朋友們，妳們就依男人的習性去服侍他們，去找尋適合自己的理想對象，現在男人的處女情結並不很嚴重！

第四章　好男人如何發掘、追求、維繫

一、什麼是好男人見仁見智

1.中國復旦大學曾對女學生作調查，前三項條件如下：

①積極而上進

復旦大學是個一流學校，學生都非常優秀，因此要求男生積極上進是可理解的，奮鬥不懈努力向上正是人類進化的動力。

②富幽默感

這項特質可使生活更為有趣，而這項幽默感的要求，女性較男性強烈的多，男人是理性的動物，女人是感性的動物，由此可為明證。我因而發現會耍寶的男人易受女人青睞，儘管他其他條件並不出色。

③具紳士風度

紳士風度（gentleman style）的男人會隨時注意lady first，這是一般所謂的暖男。男人在追求女人的時候都會表現得溫柔體貼，把她照顧得無微不至就能擄獲芳心。但女人必須注意這個態度是可以偽裝出來的，這是為什麼男人會對身邊的女人施予暴力甚或傷害，女性務必張大眼睛，觀察入微地分辨出來。

2.二〇一四年十月，有某雜誌報導「女性擇偶條件」有五：

①人品性格端正

②兩人情感深厚

③具有才華能力

④擁有健康身體

⑤生活習慣良好

這是針對社會上工作女性所作調查，所求條件非常務實。擁有健康身體，除對日後夫妻生活有積極作用之外，也符合物種進化的本能，保障下一代同樣身體健壯，族群綿衍不絕。

3.二〇一七年八月，有報紙報導臺灣女大學生對選擇男性伴侶的十項條件，其優先順序排列如下：

①幽默感 53
②高智商 44
③不劈腿 39
④暖男 36
⑤觀念相近 21
⑥會聊天 19
⑦可靠性 19
⑧身材好 17
⑨高顏值 12
⑩有野心 8

上述每項數字究竟是人數或比例，文章中並未敘明，但吾人可以各項比重之多寡視之，數字愈大者愈受重視。

吾人若與復旦大學女生相較，幽默感最為一致，紳士風度就是暖男行為，上進積極和有野心相似，但中國大陸女性對這一項要求較高，臺灣女性列為最後一項，顯示中國大陸年輕人的狼性，要求另一半積極奮鬥的精神比臺灣年輕人高得多。

高智商竟列第二位真令人訝異，其實一般人對自己智商多少並不知道，吾人多半以學歷、工作、證照等等作概略的認定。除此之外，只能在日常交談及工作表現上來判斷一個人的智商，是故男人要獲得女性青睞，言行舉止就顯得非常重要，沒有高學歷者就得充實自己，隨時可表現自己廣濶的見識，藉以吸引女生的注意。

高智商這項吾人以為非以智力商數IQ為限，而包含高情緒商數EQ在內，對於日常生活的因應，遇到刺激、危難、打擊都能從容以對，都能獲得好評。臺灣名模林志玲小姐聲望一直居高不下，除了外貌出眾之外，對於言談舉止都很講究，記者提出辛辣問題，她都從容得宜應對，無怪乎她在中國大陸同樣具有超高人氣，這是年輕人很值得學習的地方。

4.誠信—評斷個人品德最佳利器

本文「挖掘好男人的十個祕訣」中，有多項知識和誠信有關。中國俗話「百善孝為先」，但孝順是家務事，不易評斷其優劣程度，而且不易為外人知悉，但信用則和他人有關且易於發現個人信用程度，因此是評斷個人品德最佳利器。

臺灣政壇最令人津津樂道、崇拜景仰的林洋港先生，就是臺灣政壇中最講「誠信」的一位，他所作「誠信」一書，就是講述從政四十多年中奉為座右銘的點點滴滴。但由於他耿直忠厚的個性，抵不過李登輝的詭譎手段，最終敗在李某手下未能登上大位。

臺灣企業家中最講誠信的是臺積電創辦人張忠謀先生，他創造台積電成為世界級的代工王國，就是非常重視誠信。因為在商場都有商業機密，尤其是經過努力研發出來的專利、特殊產品，是發明者賴以賺大錢的利器，絕不能讓他人取得。張忠謀幫人代工數十年從未發生專利產品外流情事，獲得全世界各大公司的信任，因此事業愈作愈大成為臺灣最大事業體。

中國政府多年來在邁向文明建設當中，認為個人的誠信是非常重要一環，因此早在二〇一三年十一月十四日就建立「失信被執行人」制度，對特定嚴重失信人限制乘坐火車、飛機、出入境等，做出規定。

大陸國家發改委二〇一九年七月份新聞發布會，該會新聞發言人孟瑋介紹，截至今年六月底，已有累計兩千六百八十二萬人次因失信被限制購買飛機票，五百九十六萬人次因失信被限制購買動車高鐵票，四百三十七萬人次失信被執行人懾於信用懲戒主動履行法律義務，總計限制了三千二百七十八萬失信之權利。

中國大陸國家發改委更進一步強化破產制度，防止企業借屍返魂形成「殭屍企業」，並新增個人破產制度，藉以嚴打重大失信，並予永久逐出市場。這些措施對於提升全民文明，落實誠信制度，提高國際形象極具意義。

誠信之重要可用之於商業往來，同樣可以誠信來衡量其人際關係，一個守信重諾的人品德必不至於太差。吾人提出一個簡單的鑑定標準就可以知道人是否守信，就是和人約會，約定時間是否守時，有多次無法準時赴約，甚或連約會的時間都忘了，這種人必有問題，宜敬而遠之。

二、如何發掘好男人——主動出擊

（一）好男人都那裡去了怎麼都找不到？

吾人以為女人常忽略好男人的原因如下：

1.第一印象不佳就予忽略

我們每天遇見的年輕異性並不在少數，但一般常常以第一印象決定好壞，當妳見到他穿著略顯邋遢就不再看下去，或許他背後有好多優點呢！

2.妳見到男人印象很好，但他走了就讓他跑掉了

每天上班或上學搭車途中，我們都會看到一些令人印象不錯的異性，但大家匆匆上車、匆匆下車，心中是有美好印象，但人家趕上班，就這留下些許遺憾和惆悵。

3.據心理研究指出，女人對初識者有一些模式會影響妳：

①隱性特徵理論：源自於一些固有的看法，譬如認為客家人是否比較小氣、北方人多比較慓悍、湖北人是否比較不好相處。就如西方人認為法國人隨性浪漫、拉丁人熱情奔放、英國人刻板保守、蘇格蘭人吝嗇小氣。我們常以既定的看法來決定男人的類型，使得妳擇偶對象受限制。

②個人性格愛好說：以男人為例，西方人多喜歡金髮碧眼美女，國人多欣賞日本式的小姐，還有人對於護士、護理師特別好感，覺得她們有專業知識又比較有耐心。當然還有人喜歡空中小姐，有人覺得新聞記者都很伶俐，還有人喜歡女老師、公務員，因為她們工作穩定。男人這種個人

愛好，同樣會發生在女人身上，影響妳選擇男人的機會。

③第一印象決定論：我們對於一個初識者，判斷的依據可能建立在一些瑣碎、片斷的訊息或特質上。如果初識者顯得輕鬆、笑意盈盈，我們通常認為他是一個開朗、誠實的人；要是這個人顯得拘謹、愁眉苦臉、心神不定，我們多半會覺得這個人不友善，甚或脾氣不好。

④相似原則說：這是初識者恰好知道我們也知道的一個訊息或一件事，例如一個人所念的學校，恰好與我們喜歡的某人一樣，我們便認為他們有共同習性、共同優點或共同專業。又譬如某人和我同屬一個政黨，心理必認為我們有共同政治理念，不知不覺中，妳會想要找尋類似男人為對象。

（二）利用機會多方面去認識男人

以前資訊不發達，人們往來不及現今頻繁，只好倚賴父母之命，媒妁之言，如今大家往來如此頻繁，資訊網路科技如此便捷，再說找不到理想對象是說不過去。茲概略介紹幾個途徑，妳必須勇於嘗試主動出擊去尋找。

1.介紹和相親不要排斥

這種傳統介紹認識異性方式現今仍廣為大家所運用，但很多女性都對此排斥。假如妳想認識男人想結婚，就不要拒絕這個方法，只要妳先作功課就可以試一試。單獨相親介紹可以先過濾資料，甚至要求看個照片、line再作決定。集體相親活動現今仍常見到，但以大伙作遊戲或旅遊為佳，只是在餐廳、咖啡廳作介紹，一次輪流和幾十個人交談，幾分鐘之內要認識一個人並不容易，我認為這種方式相親效果不佳。

婚友社的介紹，妳可以先過濾資料再決定見面，一次以會見三、五個對象為宜，也就是交談時間久一些，妳可以仔細深入地去瞭解一個男人。

2.網路認識無遠弗屆

現今科技異常發達，國際通訊、視訊無遠弗屆，異國婚姻已日漸頻繁。但網路世界也奇奇怪怪、暗藏玄機，臺灣有好多熟女幻想異國帥哥情緣，因而被騙、破財者屢有所聞；二〇一九年年初，新聞報導有俄羅斯雙年華少女第一次和男網友見面就被殺害。臺灣有無知少女和網友交往，一段時間後才發現男網友是個暴力慣犯，也有少女因而被性侵。

為避免遭遇類似狀況，初次見面最好有友人陪同，並且在公開場合相見，確認這男人沒有問題再進一步交往。因為網路認識的人三教九流，不要因為一些不良現象把妳嚇跑了，親友中年輕一輩經由此方式找到幸福的終身伴侶也有所聞，妳也可好好運用。

3.守株待兔非常有趣

上世紀中葉，端莊優雅的奧黛麗赫本（Audrey Hupburn）是個永遠的女神，她在第凡內早餐（Breakfast at Tiffany's）飾演一個嚮往上流生活的鄉下女孩，在曼哈頓上東城邂逅一位年輕作家，她守株待兔終於找到了真愛。

我們日常生活中會有一些固定活動的地點，到圖書館看書、到誠品喝咖啡、到星巴克吃點心、搭捷運上班上課。如果妳在一個地方看到心儀的男人，可以時常去，因為他也會常在那兒出現。想當年曾經在圖書館、宿舍、餐廳「站衛兵」，如今想起來有點可笑，但這是接近心儀男人的方法之一。

（三）當妳發現了心儀對象如何和他認識呢？

1.不恥下問請教問題：

年輕人看書不外準備考研究所，參加留學考試或公務員考試，在圖書館利用休息時間請教相關考試問題，可以相互切磋心得。每天搭捷運如遇到心儀男人可以利用機會接近，每個人上班上課時間多是固定，每天同一時間搭車，碰到同樣的人機會很大。妳可找機會跟他一同下車，而後問他這附近路怎麼走，哪個銀行在哪裡，最後妳可以知道他在那裡上班。

2.利用機會結識男人：

妳上班後常有機會參加開會，商討業務相關問題，或是研討會作學術性的探討，當妳見到心儀男人應勇敢的上前請教、認識。二〇〇〇年初，我仍在政府單位上班，負責主持一項法律修正研討會，休息時間有位知名律師事務所年輕女律師前來提出若干建言，如今二十年過去仍維持深厚友誼，時常有公務上的往來。妳甚至可以主動參加社團、研習會、健身休閒活動，擴大視野認識男人。

二〇一八年底，有個晚上我吃過飯後外出散步，在一個騎樓下座椅休息，有個年輕秀氣的小姐走過來跟我聊天。她是個房屋銷售仲介人員，似乎遇到了工作上的瓶頸思考轉換跑道，我以個人經驗提出若干建議，她認為我是個生涯規劃的行家，立即給我電話要我改天再給她提示。如今她依據建議返回南部老家努力準備公務員考試，找個穩定的鐵飯碗工作。

3.帶著手機或名片：

當妳確定這個男人值得交往時，不要吝惜給予手機號碼，也可給予E-mail聯絡方式。最有誠意的方法是妳的名片，妳的工作職務和公司地點都清清楚楚。假使妳不放心剛認識的男人，妳的名片可以只列出妳的工作職務，妳的偏名和手機號碼，俟覺得可靠再給予詳細資料。

4.拋媚眼露微笑是吸引男人的利器：

古曰：回眸一笑百媚生，回眸拋出的是吸引人的媚眼，一笑是表現一個善意。當妳看到心儀的男人拋出媚眼露出微笑，必然會引起男人的注意，當他靠近時找個話題抓住機會和他交談，男人一般是不會拒絕的。他的素質如何，工作概況只要幾句話就可知道，妳認為值得交往時，就找個話題、理由和他交換手機電話、E-mail便於日後聯絡。一般狀況女性主動和男性互動，男人不會有戒心，當妳遇見好男人時，就不要太矜持了吧！

美國作家社會學者艾文．亞伯拉罕（Irving Abraham）著有「預約好男人」（Have a Appointment with Good Man），書中倡導積極的戀愛觀，他在序言中提到某婚友聯誼社針對五百五十位，十八歲到四十歲單身男性上班族作調查，有百分之三十點三的男性對積極表達自己心意的女性表示非常喜歡，而有百分之五十一點二的人表示，可以接受女性主動的追求，也就是百分之八十以上的男性對女性的主動追求頗具好感。

該書中對尋覓好男人、掌握男友的心和成功的戀愛方法，分別提出很具體見解，值得參考且和個人理念頗為近似，期待意中人的女性可詳加閱讀。

三、良好的男女關係需要經營

1.多方交往比較選擇最佳的為伴侶

男女在結婚以前多方認識朋友並無不妥，男女在沒有親密關係、同居以前多觀察比較是個好方法，妳手中有三、五個男人資料，看那一個比較勤於跟妳聯絡，那一個追求技術比較好，這在妳一生黃金時代可以留下美好回憶。

假設妳條件一般，但追求條件頗佳男人，妳必須拿出本領表現妳的優點，除了客觀條件比如學歷、工作、收入優越之外，表現溫柔婉約是最佳方法。其他如生活上的技藝、烹調技術、製作糕點都對於妳有加分效果，再如能言善道，有能力解決複雜問題，都能吸引男人的注意。

在多方比較階段，假設能參考親友意見必能找到最佳對象，和交往對象喝喝下午茶，找親友一同聊天，陪伴者可以幫妳加油添醋美化一番，也可找尋對方有何優缺點，可謂一舉兩得。甚至於在言談中可以透露，妳有認識多位男人，有多位男人正在追求中，可以測試這男人喜歡妳的程度。情場如戰場，運用之妙存乎一心。

我常發現年輕人都是發現心儀目標後，努力追求、勤於交往，待一段時間後，發現對方缺點而後立即斷交，另起爐灶開始再找另一個對象。這個傳統的方法很容易浪費時間，如果妳有挑剔的毛病，時常過盡千帆妳仍在岸邊等待心中的白馬王子。這種方式也使妳沒有相互比較的機會，年近三十以上的輕熟女應採取多方交往比較方式為宜。

2.如何確認妳的男友是個好男人

「大家說英語」曾經列出十個秘訣，茲予轉載如下：

10 Tips on Finding a Good Man

挖掘好男人的十個秘訣

①He shold be a good listener.

他必須是一位好的傾聽者。

②Thinks and talks positively.

擁有正面的行動力。

③Has clear goals and knows what he wants out of life.

知道人生目標。

④Approaches life with passion.

對生活充滿熱情。

⑤Speaks truthfully and sincerely.

說話真誠。

⑥Someone whose personality is the same when he is alone or in a group.

人前人後都表裡如一。

⑦A man who is not afraid of being vulnerable.

不怕把脆弱的一面表現出來。

⑧Communicates clearly and logically.

清晰有條理的溝通能力。

⑨He always keeps his words.

總能信守諾言。

⑩Gives compliments more than complaints.

多讚美少抱怨。

3.如何經營良好的男女關係

交往中的男女、結婚後的夫妻，都必須經營相互關係，很多男女因為無法常在一起，感情趨於淡薄而分手。因此首先必須避免和遠方工作的男人交往，假設對方尚是大學生、研究生，妳認為值得考慮的對象，應設法聚在一起，由妳遷就他或他遷就妳。其餘應注意下列幾點：

①避免吵架把話說絕：人與人間交往衝突在所難免，彼此理性溝通是最好方法，吵架就會傷感情，只是鬥鬥嘴還沒關係，彼此動手動腳就很可能就把對方打跑了。

男女吵架時常說出一些撕裂的詞句：「我們分手好了」、「妳（你）不要再跟我聯絡了」、「咱們一刀兩斷吧」，一方此話一出，他方礙於顏面和自尊，常立刻回以「好吧，咱們就老死不相往來！」一個好不容易找到的對象就此分手，非常不值得，因為浪費了妳一段青春、時間、精力。

②沒有距離切勿隱瞞：男女之間既然彼此情投意合同意交往，就應該彼此沒有距離、沒有隱瞞，因為這個對象很可能是未來終身伴侶。舉例言之，問及對方工作地點工作單位，對方住家和家人狀況，男友都不願坦誠相告，就我來說彼此就有一層障礙。

以個人經驗，曾和異性朋友往來，除了臺灣住家去過，還曾到中國大陸和她親友見面，彼此完全沒有距離存在。但也有臺灣的友人，問及她工作地點，她住家狀況都不願透露，彼此間就隔了一層障礙。最後因為誤會吵了一架，她說以後不要再聯絡了，當然我就此斷了關係。

4.為了心愛的對象妳可以上進提升自己

我念研究所時暑假返鄉省親，有一天有位鄉里人士前來傳達訊息：他的姪女希望跟我成親。因為鄉下地方人少彼此認識，由於事先沒有任何前兆，我沒有心理準備，也因為當時比較挑剔而沒有結果。

我研究所畢業，以高考資格獲得老師提攜到中央部會服務，由於單位中有桌球室，就利用中午休息時間打球運動。男女同事一同打球，就有位小姐長相甜美而互相聯絡，但獲悉她只有高中學歷且非正式公務人員，心中非常猶豫。最後只好告知：如想彼此繼續交往，必須學歷再進修，而且要考取正式公務人員資格。後來她真的都做到了，這是爾後正式結婚的老婆，由以上個人經驗可以作年輕女性參考。值得一提的是，她嫁入我家後相夫教子，克盡賢妻良母職責，且子女均事業有成，可稱是個模範母親。

四、怎樣做一個成功的調情者

在適當的場合調情對表現你的魅力極有幫助。人人都能調情，但要把調情昇華到一種藝術，就需要了解一下關於調情的金科玉律：怎樣調情？和誰調情？何時調情？

◆成功的調情者從不在酒醉時調情。因為他們知道酒精會影響思維和判斷。當然，少許的酒精對解除緊張還是有用的。

◆成功的調情者在同一個場合，從不跟一個以上的異性調情。因為這將減弱效果。同時，還會遭人白眼，被戴上「拈花惹草」的帽子。

◆成功的調情者知道何時該有選擇地調情。這就是為什麼他們並不常和最惹人注意的人調情。比如，俊男美女已習慣了別人的注意，所以，成功的調情者會選擇不十分出眾的人作為表面的目標，因為這樣就會吸引真正的目標者注意你。

◆成功的調情者永遠是大膽且自信的。如果不是這樣，他們就不可能成為成功的調情者。所以他們不會偷偷摸摸的，因為實際上，他們本身就是行動。

◆成功的調情者能用身體語言和眼神取得最佳的效果。他們用眼神說話，身體很自然、輕鬆地向對方傾去。當然，他們還要給對方下小小的疑惑，以激起對方的興趣和想像。

◆成功的調情者知道選擇什麼樣的食物。

湯汁、麵條、大蒜、辛辣食品及帶響聲的食物是不能入選的，而小點心或精緻味美、可以拿在手裡的食品才是恰當的選擇。

◆成功的調情者能製造神祕感。

他們往往聽得多，但對自己披露的卻很少。

◆成功的調情者穿著得體。

他們的穿著不必花俏，但要乾淨、得體、個性化，表現出自信心。

◆成功的調情者懂得運用自己的聲音以取得良好的效果。

他們從不粗聲粗氣地說話，他們喜歡輕聲細語、面帶微笑，而不是每聽到一個笑話就捧腹大笑。

◆成功的調情者知道怎樣運用眼睛表達對別人的興趣和熱情。

此時，他們不必風趣，也不必說太多的話。他們要做的僅僅是不時地點點頭，輕聲地說：「真的嗎？」或是「真有趣！請再告訴我一些。」

◆成功的調情者知道吹捧和諂媚之間的區別。

吹捧是真誠的，而諂媚卻不是。他們還知道讚美一個人最明顯的特質（如美貌）效果不太好，還不如讚美其不那麼出眾的特質，如智慧、幽默感、個性、言談或健康美等等。

◆成功的調情者在和異性交談時，從不會左顧右盼。他們總是顯出非常投入和著迷的樣子。

◆成功的調情者非常懂得如何把握時機。也就是說，她們很懂得如何運用一舉手一投足的肢體語言或表情，來吸引異性。

◆最後必須指出的是：女性調情者的時機感非常強，她知道他什麼時候被吸引，這時，她會遺憾地說聲抱歉，然後離去。讓他感到沮喪，因此就會更想她！

適當的場合和時機，盡可能地運用妳的女性特點，但要注意的是輕浮和傲慢。

五、如何避免「情人看刀」憾事發生

（一）暴力男應敬而遠之

男女朋友因為移情別戀，最後發生相互傷害的事件，古今中外都有，近幾年更是屢見不鮮。

多年前，有個銘傳大學男生交了一個漂亮的護士小姐，後來這位護士移情別戀交了一個臺大學生。有一天，這小姐要搬家避免男友來找，她請新男友前來幫忙，情敵相見分外眼紅。這凶手先把臺大生支開，說他要和前女友談幾句話，這男友不疑有他到屋外等候，凶手把房門反鎖，談判沒有結果，立即以預藏凶刀把小姐殺死，臺大生在外愛莫能助，只有面臨殘酷事實發生。

同樣是多年前，臺灣清華大學女生爭風吃醋，為爭奪帥氣男友，居然誘殺女同學，並以王水毀屍滅跡。最後當然逃不過法律制裁，女大生被判十八年徒刑，如今已獲假釋，隱姓埋名以翻譯維生。

更恐怖的是臺大資優生，當街砍殺女友二十多刀，並再親吻女友屍體訣別。既然如此喜歡她，為什麼要玉石俱焚，搞得家破人亡？這臺大生家人同意賠償上千萬元，才獲只判無期徒刑。

如何避免「情人看刀」這種憾事發生呢？妳必須確定男友沒有暴力傾向，一個人喜歡妳的時候，表現出來的是溫柔體貼，而克制他潛在的暴力行為。

（二）如何觀察和測試暴力男

有暴力傾向者多較孤單，喜歡獨來獨往，無法和友人嘻嘻哈哈歡樂地過團體生活，甚至和家人都很疏遠。其次是專斷的個性，約好兩人要出去玩，他堅持看法堅決到他指定地點；又如吃飯時，妳沒有點菜的機會，他堅持他開菜單。最後妳要觀察，他和妳交往期間是否沉迷於戀愛之中，除了念書和工作之外，沒有其他消遣。這是他是把戀愛當作他生活甚至生命的全部。如果失去了他會受不了，可能作出沒有理性的行為。

測試男友有無潛在的暴力傾向，妳可以找個機會在他面前和其他帥哥閒聊，甚至有說有笑，看他反應如何。如果回去後他暴怒，興師問罪大吵一架，這就要小心了。其次，找個時間閒聊，告訴他妳找到新工作，必須到遠方去上班，以後只有假日才能約會見面。或者假裝有個帥氣男生積極在追求妳，並表示對這帥哥頗為欣賞。這兩種測試下來，看男友如何反應，或多或少可以判別他有沒有暴力傾向。

白娘娘喝了雄黃酒後現出原形，酒後吐真言，這也是測試男友的方法。找機會邀男友去喝喜酒，或是妳親友作生日有聚餐活動，邀男友赴宴喝酒，有烈酒就勸他喝烈酒，而且找親友多次勸酒。假使男友能夠節制，不會喝醉酒算是不錯的；男友喝很多但沒事算很厲害，假設喝多了胡言亂語，甚至鬧事打人，當然對這人要非常小心了。

男人脾氣不好是交友結婚的致命傷，周星馳是公認的傑出港星，能導且能演，搞笑、逗趣功力一流。二〇一九年七月報載他已五十七歲，交過好多女友但仍單身一個，記者指出有一說他脾氣不好，個性古怪不擅溝通，才會在感情路上一直不順。搞笑、逗趣是演員、娛樂圈的事，在現實生活中必須面對衣食住行等等平民百姓的事，如果無法和身邊人溝通，只好一個人單獨生活了。

（三）千萬不可忽視的隱形障礙——精神疾病

一樣米養百樣人，往昔人們常把脾氣不佳容易發怒認為是個人行為，但是在這醫學發達時代則認為這是種精神疾病，由於精神疾病從人的外觀上無法查覺，因而很容易使人忽略。

一般常見的精神疾病有憂鬱症、躁鬱症、雙重人格、思覺失調症，而且在社會上就一定少數比例有此疾病。假使家裡有精神疾病患者，對於家庭和諧美滿是很大殺手，有位友人家中子女有憂鬱症和躁鬱症，不僅影響家庭和諧，甚至造成家人傷害情事，一家因此雞犬不寧。

要發現對象是否有精神疾病，除了多觀察交往中的對象有無行為異常情形，另外就是設法瞭解其家族中是否有此病史。俗話說：婚前要睜大雙眼，婚後睜一隻閉一隻，是有其道理的。

（四）「妳是二手貨次級品有什麼好稀罕的」

男人對於不是處女或離過婚的女性，會用這種口語來羞辱人，女人聽到這種話，當然不是滋味非常惱火。但仔細思考一下，為什麼男人沒有二手貨、次級品的問題，女性就有？說來非常不公平！

男女朋友分手、夫妻離婚，並非完全是女方的問題，男人有暴力傾向，先生好吃懶作都是分手原因，這些不公平的觀念，女性必須據理力爭，傳統上一些根深蒂固的想法，在這強調男女平等時代仍然存在。

當妳的男友對妳出此惡言時，妳以平常心淡淡的口語回覆：「你既然只喜歡頂級新鮮貨，你就好好找，慢慢等吧！」既不撕破臉也給他反省的機會，進一步關係看他態度反應再作決定。

離過婚的女人總想離開傷心地，尤其臺灣和日本幅員較小，這種事情容易傳開，在親友面前也很難啟齒，因此有些臺灣和日本離過婚的女性，再婚時是遠嫁其他國家。中國大陸和臺灣同文同種，臺灣也有在大陸離婚後嫁來臺灣的女性同胞，由於臺灣是個非常多元的社會，對於這些外來新娘，常以新住民相稱，少有歧視現象。

有些離婚夫妻在分手後仍有聯絡，然而在多年後雙方均未再結婚，後來比來比去，原來的老公、太太還是不錯的，因此兩人再次登記結婚，對於年幼子女共同負起教養責任，雙方破鏡重圓可成為佳話。

（五）當妳和男友或愛人吵架怎麼辦？

①只動口不動手：情人或夫妻間吵架均所難免，但作個文明人，務必只動口不動手，以理性方式辯個是非。假使動手打了對方，會把感情打散，也會把人打跑了，彼此會在一起必定有吸引妳的地方，何況打傷了人還有法律上的責任。曾經有個案例，夫妻吵架時，只因先生抓住太太的手導致瘀青，太太告上法院後被判罰款數千元。

②切勿說出太絕的話：情侶或夫妻吵架時，彼此火氣冒上來了，時常說出：咱們分手吧！咱們離婚吧！對方不甘示弱，馬上回應：分手就分手嘛，離婚就離婚嘛有什麼了不起，男女雙方就此分開。但事後因此後悔的不在少數，而且中國離婚率高，彼此都未能在這方面克制很有關係。

③吵架後彼此離開一段時間：假使外出旅行甚至出國散散心，不但使自己心情平復，也可利用機會想一想，彼此所爭執的問題是否有解決方法，只要問題解決了，以後再也不會為此爭吵。中國大陸有些省份對於提出離婚夫妻有一段冷靜思考時間，不是雙方提出就馬上核准，這種彼此冷靜一段時

間的作法，男女情侶一樣可以運用。

④延請雙方認識親友協調：俗話說：「公說公有理，婆說婆有理」，雙方都是站在自己的立場說話，如有第三者公正人士出面協調，提出雙方都能接受的方案事情可迎刃而解。假使妳深愛著對方，甚至對方有著優越條件，必要時作出若干讓步仍是值得。有時候妳也須想想：彼此分手後，妳再有機會找到理想的伴侶嗎？

第五章　以綜合評量考選真命天子

一、以綜合評量選才找出真命天子

（一）私底下暗地裡——把男友當考生打分數

前曾述及什麼是好男人，復旦大學女學生有三項重要條件，臺灣上班族女性有五個要求，還有對大學女生所作調查有十項條件，真的見仁見智。

二〇一八年到二〇一九年臺灣瘋選舉，政壇要角身邊的美女也是風雲人物，柯文哲身邊的「學姐」黃瀞瑩時常上電視，因為長相清秀、說話得體非常受到歡迎。二〇一九年六月，因為她和男友分手，記者就問她選擇對象的條件，除了外表和身材之外，要聊得來、專情不劈腿、顧家、約會不遲到。後面兩項是她個人特別的要求，擇偶是個人的事，每個人有特別要求是很正常，這和每個人的生長環境、價值觀有關係，妳盡可大膽、仔細的列出來。

當妳把條件列出來之後，對妳身邊的男性友人逐項打分數，以總分或平均分數列出高低，選擇心目中理想的對象，就像參加考試有五、六項科目，逐科評分後擇取最優的錄取。

個人當年選擇對象時，概略列出外貌長相、身材條件、學歷、工作、談吐、家庭狀況等六項條件。原期望平均分數能達到八十分，最後選擇的內人略低於此標準，但我決定在二十八歲時和內人結婚，因為一時沒機會找到更好條件的對象，而且臺灣人的傳統習俗不能於二十九歲結婚。我就這樣地決定一生的伴侶，數十年跌跌撞撞走來尚稱美滿，套一句流行用語：不滿意但可以接受。

很多大明星的婚姻狀況都攤在陽光下，就拿華人世界兩大明星李連杰和周潤發為例，兩大明星都不是最帥的，但都非常受到歡迎、推崇、敬重。李連杰得過全中國武術冠軍多次，才華、能力不在話下，他個人修養在淡出演藝圈後，潛心修習佛法，作公益行善不遺餘力，他的善心、修為得到港姐利智的青睞其來有自。周潤發的耐心、修養也是出了名，他生長在香港窮苦的漁村，深知民間疾苦又因膝下無子，二〇一九年年初他宣布將捐出所有財產作公益，因為這些財產只是「讓他暫時保管而已」。他是個大明星卻從不鬧緋聞，二〇一八年冬，他來到臺北拍片額頭被炸傷了，但他在包紮敷藥後再上場拍片，真的一個人成功不是偶然的。但這類「極品」男士畢竟少之又少。

（二）以單一條件獲得青睞的特優生

一般擇偶都是洋洋灑灑列出一堆條件，就如一般學生參加入學考試，總分達到標準後才獲得錄取。但資質特優者不必逐項評分就獲得錄取，譬如參加臺灣中學運動會單項成績前三名者，能保送體育大學；中學生參加國際科學競賽得獎者，可以保送大學相關科系；參加國際技能競賽得獎選手，也可保送科技大學。

妳選擇對象時，有個豪門世家、貴族子弟，其他條件就不用考慮了，單一條件妳決定給予錄取，當然必須妳的條件相當出色。嫁入豪門世家一生不愁吃穿，妳的工作也可順心如意，子女都能受到良好教育惠及下一代，從此過著美滿幸福的日子，就如結婚當時的渴望和想像。但也有豪門婚姻並不幸福的，常見的狀況是豪門家中有一些規矩，把妳的理想、自由都剝奪了。日本德仁天皇皇后雅子原是個外交官，剛嫁給太子就因種種約束，長期悶悶不樂而得憂鬱症，如今晉升為皇后，美國總統川普夫婦來訪，她終於一展長才、笑顏逐開，重現燦爛的陽光。

但有人幾年間無法忍受，就以離婚收場。許水德的媳婦原是個記者，一直幻想自由自在的工作，後來選擇離婚重返自由之身。吳敦義和王文洋是政界、商界響叮噹的人物，但是他們的媳婦並不幸福美滿。因此當妳希望嫁入之前先得仔細想想，或是好好打量豪門中是否庭院深深，妳住進去了不會有陰森森的感覺。

再如世界級的帥哥如金城武、布萊德彼特，妳追到了但妳要天天好好看守他，否則他隨時會跟其他美女跑掉，這樣的生活妳願意嗎？妳的生活會幸福嗎？

（三）定期招募甄選取士

中國大陸結婚率創十年新低且普遍晚婚，僅提淺見共同解決問題。

根據二〇一九年七月臺灣旺報報導，中國大陸青年獨身者日多，結婚率持續降低，富庶省分上海市、浙江省、廣東省普遍晚婚，生育率跟著降低很值得重視。

另據共青團中央網路影視中心二〇一八年曾發布一份「當代青年群體婚戀觀調查報告」，調查顯示，對於「如果一直沒有找到理想的結婚對象，您會怎樣？」的問題，百分之六十九點五三的青年選擇繼續等待，直到找到理想的人才會選擇結婚；百分之十五點六一的青年選擇「保持單身」；有百分之九點三四的青年願意「降低擇偶標準」；僅有百分之五點五二的青年選擇「將就結婚」。

選擇繼續等待，青春就這樣一年一年地虛耗下去值得嗎？女性較晚結婚生育可能有問題，男性則可能老了孩子尚未成年。

選擇保持單身則是太沉重，女性被稱「齊天大剩」，臺灣則稱「老姑婆」，臺灣對終身未婚男人稱「羅漢腳仔」，均充滿了鄙視的味道。

降低擇偶標準和將就結婚，是個可行的方法，但不免給自己心理留下終身遺憾的陰影，甚至於日後夫妻吵架時把它拿來作文章。

為了避免上述情況和心理障礙，我建議青年男女擇偶時，以企業徵求人才選擇賢良的方式找對象，女性朋友們，妳就比照政府單位每年舉行用人考試，每年在年初時舉行招募，年終時作綜合評量，找出妳心中的真命天子吧！

二、不要擔心妳不完美

本文第三章男人喜歡什麼樣女人，最煩什麼女人，大致上是個人看法主張，似乎太過嚴苛，很多地方女人做不到，而且有些與生俱來的無法改變，因此妳不用擔心不完美，因為一種米養百種人，茲舉若干事例如下。

（一）凡事則豫按部就班

古云：「凡事豫則立，不豫則廢。」我是忠實的實踐者。讀書時就想捧鐵飯碗以免餓肚子，就想當老師為人師表、春風化雨。退休後除兼差擔任勞資爭議調解委員，就想寫幾本書，把一些經驗、想法傳給年輕一輩，再就個人經歷的世代，所見所聞記述下來予後人瞭解，這些就是我的生涯規劃。

每天生活，協助家事，健身養生也都列有計畫，按部就班。煮飯時作那些菜可以營養均衡，煮一餐飯菜和湯怎樣煮可以省時，湯較不易涼平常多先煮好，要煮各道菜事先洗好切好，瓦斯爐可以不關把一道一道菜全部煮好。或許有人覺得會不累人嗎？但我已經習慣了。

我住都會郊區，到臺北市辦事情會同時辦幾件，出門前一定想想怎麼去，辦事順序路線怎麼走，要不要在外邊吃飯，什麼時候回來。臺北都會區為鼓勵大家使用大眾交通運輸工具，凡搭公車轉捷運或搭捷運轉公車均有至少四元的優惠。因此出門前就儘量以轉乘方式移動，盡量省錢，當然如為了趕時間，全部搭捷運則是另當別論。

我對每天要做的事情大都有計畫，開會、與人有約先確定，再安排運動、復健、作家事、陪伴家人，因此約我有事必須前一天就說好，臨時找我肯定找不到，親友都知道我的習性，因此不以為意。

（二）隨機應變想到什麼做什麼

1.到時候再說，到時候再看看吧

日常生活中時常遇到這種人，因為和本人個性相去甚遠，因此很難適應而無法深交。這種人很隨性，有小聰明會腦筋急轉彎，因為做事較沒計畫較易出差錯，他們可以小聰明應對化解，甚至隨便掰個理由應付過去。更厲害的是「見人說人話，見鬼說鬼話」，由於擅於胡扯亂掰、見風轉舵，因此官場上常見這種人，左右逢源步步高升。雖然在人格上受到質疑，但勝者為王，他就能升官，你莫可奈何。

2.到時候再聯絡，你就等我電話

我對這種人尤為反感，除非他是你的上司非聽命不可，或有求於人只好接受，平時人與人往來，應避免這種對待方式，因為共同要做的事無法事先確定，我自己要做的事，要安排的時間就受限制。會常常說這種話的人當然在日常生活居於主導地位，個性上也較為強勢，我當然無法適應。女性朋友假設妳個性隨和、隨遇而安，喜歡他人給妳出點子安排事情，可以選擇這種男人為對象。

漢朝兩位大將軍霍去病、李廣，在征伐匈奴、捍衛國土均立下汗馬功勞，但兩人治軍和管理卻是南轅北轍。霍去病採取嚴格治理，處處講求軍紀；李廣僅作戰時嚴守軍紀、命令，行進及休養時期官兵們有很多自由活動空間，培養同袍間兄弟情感，戰爭時願相互支援、生死與共。兩者有著天壤之別的帶兵方式，卻都能為漢朝立下彪炳戰功，你說誰對誰錯呢？

（三）仁者樂山智者樂水

1. 內向者作室內活動外向的往野外跑

同樣從事野外活動，有的喜歡登山，有的喜歡玩水。登山者可以欣賞群山壯麗之美，雲海翻騰變化萬千景象，也是磨練意志鍛鍊身體的大好機會。水上活動在炎炎夏日更是吸引人，早期只有游泳，如今花樣可多了，浮潛觀賞海底生物，甚至和鯨魚、海豚一同嬉戲、游泳。游泳高手更以衝浪、滑水滿足各種刺激，騎乘水上摩托車、搭乘高速遊艇，都是臺灣近年逐漸風行的海上活動。隨著人們生活水準提高，搭乘大型郵輪作海上旅遊也日益興盛，在海上觀賞風景甚至周遊列國，在船上有吃有玩又可觀賞各種技藝表演，確實有很多吸引人的地方，無怪乎近年臺灣人搭郵輪旅遊人數快速地成長。

吾人工作、讀書之餘，總要作些休閒活動，就以簡單二分法分為室內及室外兩種。室內活動如室內桌球、羽球、健身，室外活動則包括上山下海之各類活動。但有人既喜歡室內活動也喜歡往野外跑，吾人在歸類人們個性時，應把他列為外向一族。

喜歡從事室內活動或往圖書館跑的，多數個性內向且保守；喜歡假日開車往外跑的，無論上山下海或作露營活動，多數個性外向不拘小節說話大聲。由於他們時常在外面跑，這些人喜歡開休旅車，搭乘人數較多，底盤較高可以爬山。由於時常在野外跑，甚至長距離找好玩的地方，開車速度較快，在市區內也常未減速，因而就新聞報導車禍比轎車高一些。

2.志同道合物以類聚

志向和趣味相同的人，就如同認定同樣的道理而合作在一起，這是人們容易相聚在一起的重要原因。前述擇偶條件有觀念相近、聊得來，是男女願意交往敲門磚，彼此英雄所見略同自然容易聚在一起。

再就外觀上言之，物以類聚係指同類物種會聚集在一起，共同生活並且互相保護。野外攝影專家常發現一群野鳥中有隻外來物種，這隻鳥並非本地原生物種，雖然迷路了仍找個類似族群一同生活。

人類也常有類似現象，有人說「夫妻相、夫婦臉」，吾人確實發現有些夫妻臉型非常近似，我長這個樣子，所以我找長相相同的看來較為順眼，就連個人結婚時，也有朋友說我和內人有夫妻臉。

以上對於人的個性談得這麼多，就是告訴妳們，這世界上有著各色各樣的人，妳對看得順眼、說話談得來的男人，就不吝聯絡交往，並且多方去認識聯絡，而後運用前述以考試取人的方式，擇取最佳對象。

假設諸多男士均很優秀難以取捨怎麼辦？妳可增聘考試官來打分數，請親戚朋友三、五個輪流會考，一同吃飯或一同喝咖啡，旁觀者清一定可提供良好建議，選擇出最佳新郎倌。

三、評三十歲前別結婚・單身也很好

（一）評論「三十歲前別結婚」

二〇一八年七月，臺灣聯合晚報刊載，紅遍中國大陸成為女性心靈導師的陳愉，在二〇一二年出版暢銷書《三十歲前別結婚》，鼓勵中國年輕女性不要屈從家族壓力和古老傳統，為了找先生而放棄事業，如今已成為紅遍神州大陸的心靈導師。

人文科學、社會問題畢竟和自然科學不一樣，沒有絕對是正確而無負面效應的決策，三十歲前別結婚是個理想，但要看看妳的條件如何？

1.以生理醫學角度來看，女性二十五歲到三十歲是身體狀況最佳時段，這時候生兒育女最為適宜，以前帝制時代，皇帝多在二十歲前就成親，都是有生理條件的考量。女人從懷孕到生產是很辛苦的歷程，尤其生產的痛苦和危險是難以想像的，臺灣有句俗話說：生得過就是雞酒香，生不過就是棺材板。如今醫學進步、發達，生育致死的機會少得多，仍請女性朋友記得：三十歲以後人們的體能就開始下降，年輕力壯已不存在。

2.妳的條件夠好嗎？無論男女生理條件在三十歲以後就開始貶值，只能靠成熟穩重才吸引人，或是以累積財富來提升價值。如今晚婚男女常生不出小孩，實是因為已經錯過了生育的黃金年代。

妳有把握在三十歲維持光鮮亮麗的條件找到理想的老公？妳有能力以操之在我的條件找到心中的白馬王子？還是到時候隨便找個對象結婚？

3.三十歲前妳有對象男方逼婚怎麼辦？這是很可能的情況，不要說父母逼迫，祖父母年紀大了希望孫子趕快結婚是常有的事。再者，華人有「喜可以沖煞」的迷信，家中如有人重病臥床、久治不癒，就希望以喜事把厄運沖走，遇此情況妳擋得住男方的壓力嗎？很多事情不可逆料，非操之在妳。

4.錯過黃金時間可能形成終身不婚！臺灣紅遍華人世界的名歌星費玉清，據說年輕時和一位日本美女有過互許終身，相隔兩地沒有熱戀之時完成終身大事，費玉清因此單身至今。他的親姊費貞綾也曾紅極一時，深受男性喜愛的美豔歌星，錯過黃金年代之後，出家遁入佛門修心養性。

如今只有一個方法，妳結交男友時，事先約定妳三十歲才會結婚，讓對方心裡有數，耐心的等妳。但誰敢保證這時間裡不會出現一個狐狸精，把心愛的男友迷走了，你們的約定沒有法律效力，告到法院他也不可能回來。

（二）妳主張自主自由自在的空間容得下他的存在嗎？

——評俞飛鴻不急著結婚單身也很好

二〇一八年七月二日，臺灣旺報登載：四十七歲凍齡俞飛鴻，自在單身引共鳴。她清醒地說出關於女人最在意的婚姻、外貌、成長，以及一個女人如何更自在的生活。「我覺得哪個更舒適，就處在哪個階段」，「女性單身就會不正常嗎？我不覺得。」

俞飛鴻挑戰男大當婚、女大當嫁的中國傳統觀念，也揭櫫女性無論選擇獨身或婚姻，均屬個人選擇的生活狀態，沒有絕對的對與錯。單身與婚姻不應擺在對立面。這些觀點讓俞飛鴻成為熱門人物，引發廣大網友共鳴，她的說法都正確嗎？讓我們仔細的深入探討。

在男人主導的社會裡，女人要求自主自由自在的空間是可以理解的，但人與人間往來有一定規範存在，就是彼此互相尊重。妳要求在私生活中擁有很大的自主空間，必然壓縮到另一半的自由自在，當妳想不受到任何約束的時候，只有選擇單身，在家裡可以不受任何壓力、眼光，甚至天天不穿衣服。

妳想單身過著自由自在的生活，首先要想到妳的條件夠好嗎？妳的條件硬得所有發球權、主導權都在妳這裡？中國有多少女性像妳俞飛鴻這樣才貌兼具？臺灣在檯面上的單身貴族都生活無虞且受到吹捧的，洪秀柱、蔡英文、陳菊都很亮眼，但在市場中吆喝販賣蔬果，在暗巷裡出賣皮肉可是一大堆，都只是為了三餐溫飽。因此，女人想自在地生活，經濟問題得先考慮，這也是傳統上常爭議的：愛情和麵包那個重要？

妳想單身自在生活前，請想想以下幾個問題：

1. 妳身上的錢足夠運用到退休七老八十的時候嗎？
2. 妳想過享受被愛的感覺？甚至生理上的需求？

3.妳單獨生活安全嗎？生活不會無聊、寂寞、恐懼？不會有病痛、不會有無助的感覺？

4.妳不想享受子女親情，含飴弄孫的天倫之樂？

5.退休了年老了要到安養院嗎？那也要一筆錢呢？

我不反對女性自主自由自在的想法，但首要條件是像俞飛鴻一樣，內在、外表都是女性頂層中的菁英！她的說法類似臺灣獨派人士主張臺灣獨立，給臺灣廣大的國際空間，只是喊爽的而根本做不到！

四、不必追求十全十美

（一）「人生事不如意者常十居八九」

革命先行者孫中山先生在遺作中有「人生事不如意者常十居八九」之銘言，中學時讀到這句話根本不相信，自以為憑藉努力和奮鬥精神可以化解所遭遇的困難。直到出了社會工作才發現這句話是真的，我有個頗具才氣的研究所學弟，中年之後諸事不順，他更把這句銘言改為「人生事不如意者居百分之九十八」，如今覺得他說的話也有幾分道理。

我對於從事教職取得副教授資格充滿期待，為了取得這項升等資格，必須長期兼課累積教學年資，才能提出論文申請升等審查，為此我在公務機關的長官相當不悅，時有刁難和批評，雖然憑藉十多年努力升了副教授，但也影響了仕途發展，更讓我體會到了有得但也有失。

妳選擇對象時，也不可能處處如妳所願。理想中的白馬王子學識廣博、才華洋溢，長相帥氣又圓融體貼，個性積極上進，且出自家財萬貫的富貴旺族。但婚姻講求「門當戶對」，單就身材一項來說，高帥挺拔是很吸睛，但妳的size就不一樣如何匹配？因此妳理想中的白馬王子，他的條件標準就必須作修正、調整、取捨。

我出身平凡家庭，因而在擇偶時家世就列為重要項目，但擇定對象時由於其他項目分數均不差，最後放棄這項要求，自認以後可憑藉努力彌補這項不足。我和內人半生下來，跌跌撞撞，未能事事順遂如我所願，但剛結婚時她就為我帶來一點財富，過了大半輩子她竟繼承了一些祖先遺產，如今我只有更相信「命」和「運」了！

所謂有得有失，臺灣的政治人物尤然，進入政治圈尤其民選首長及民意代表是個不歸路，只有不斷努力拼命才能維持地位，選舉輸掉了就什麼都沒有。既冷酷又現實的政治圈，沒有假日沒有自由，隨時要為選民服務出席紅白喜事活動，參與各項人民團體會議，還有個人隱私、家族成員都被檢視，攤在陽光下，稍有差池就有扣分而在選舉中落敗。妳覺得那種生活比較好呢？每個人在得與失之間須作抉擇。

妳在選擇對象時亦然，那些項目條件非有不可，那個項目標準可以降低，那個要求可以犧牲，當妳在甄選取士時好好斟酌，記得就以各項條件分別打分，拔取最高分者為白馬王子吧！

（二）日本女性務實地調整標準選擇另一半

二〇一九年八月十日，聯合報登載平成三十年間，日本女性理想結婚對象條件，曾經出現幾波變化，間接反應了經濟盛衰、社會狀況。

經濟全盛時期，女性要求男性有「三高」條件：高學歷、高身材、高收入。泡沫經濟發生，邁入二〇〇〇年後，女性擇偶條件變為3C：comfortable（舒適生活）、communicative（相互瞭解）、cooperative（相互協調）。二〇一〇年後，「三平」男子一度受到歡迎，三平指的是收入平均、外表平凡、個性平穩。近年，理想老公條件變成了三低：姿態低、依賴低、風險低，部份論點還加上燃費低，也就是懂得節約、沒有鋪張浪費的男人。

與三低男子同時出現另一種受到女性歡迎的三強男子，積極經營婚姻生活、能對抗不景氣、身體強健且身心強大的男子。臺灣近年的經濟狀況，社會氛圍和日本非常近似，受薪階級收入停滯不前，男性青年的手頭短絀捉襟見肘。年輕女性們，妳們擇偶時可以參考日本女性務實的態度，較易找到理想匹配的另一半。

男人一般都重視異性的魅力，有研究指出：一個挽著外型漂亮、風度迷人女性的男子，往往會被認為聰明、富有、事業成功、有較高的社會地位等等。一個由普通女人陪伴的男人，給人的感覺就恰恰相反。要是一個外貌平凡的男子有一位美麗的女人為伴，那麼人們會以為這個男人在其他方面可能有很出色的表現，所以才會吸引美麗的女人。

現實生活中也的確存在一些相互交易型的婚姻，如果漂亮女人嫁個醜男人，通常是因為那個醜男人能提供安全感、權力、地位、金錢。另外，男方和女方年齡有巨大差距也令人關注，楊振寧和翁帆的婚姻，臺灣徐姓大老和陳姓音樂老師相差35歲結婚；二〇一九年九月發生請求離婚和維持婚姻關係官司，二人必是有利害關係未能擺平。因此之故，妳就不必追求十全十美吧！

五、為了子孫、為了國家，幫幫子女吧！

（一）個人主義抬頭，陸青不再急脫單

這是二〇一九年八月旺報的消息，不急於脫單不僅因為年輕人窮，而且傳統婚育觀念正在改變。這與前述現在年輕人不婚、懶婚，女性晚婚年齡再上升相呼應。

年輕人剛出社會，肯定薪資收入不太高，要存一筆錢結婚沒那麼簡單。現代人結婚又一定要有房子、車子，婚後子女的養育問題、家庭生活開銷，都使年輕人對結婚卻步，更有人以為要能存些錢結婚可能要四十歲才能達標。

以往早婚早育、多子多孫、傳宗接代等傳統婚育觀念，已成為歷史，年輕人害怕婚後復貧、失去自由，是他們選擇不進入婚姻關係的重要原因。很多年輕女性經濟獨立了，沒必要依附於結婚和男性一同生活，白天上班後出去健身、讀書，年假時獨自出去旅遊，過著品質較高的單身生活，她們擔心結婚後生活水準會下降。

越來越多年輕人選擇晚結婚、不結婚，對國家社會來說是一件不容樂觀的事情，結不結婚對生育率直接發生影響。出生人口數逐年減少，使得中國大陸進入少子化、高齡化，這是一個人口危機的過程，有些國家和地區領導人直說這是個

「國安危機」問題。

（二）亞洲國家地區面臨同樣問題

韓國和日本這些年來經濟停滯不前，年輕人同樣面臨低薪問題。二〇一九年六月一日中國時報報導：漂流少女——日本新貧族，這些年輕女性從十五歲到三十四歲約有三百萬人，由於缺乏專業，或再遭遇家庭變故，在外居住無力交付房租而住網咖。以打零工作派遣工維生，年收入在兩百萬日圓（五十五萬臺幣）以下，想結婚有個家安定下來，但很多男生一樣收入少，沒有能力結婚。

南韓年輕人多薪資低，收入少連談戀愛的能力都沒有，因此有大學開設「性別與文化」課程，教導年輕人如何談戀愛。課程中有個實習作業，假設你手上有二萬韓元，要和女友一同出遊談戀愛，你要如何規劃行程把這點錢好好發揮運用。據說這種實務課程深受歡迎，希望透過積極交往，解決韓國少子化問題。

臺灣同樣問題日益嚴重，年輕人薪資停滯不前，物價卻是年年調漲，想在臺北市買個小房子得不吃不喝二十八年，即使近郊地區也得二十年以上。由於低薪收入只能養活自己，年輕人的結婚觀念和中國大陸一模一樣，少子化的現象日益嚴重，二〇一八年的人口出生和死亡已呈現死亡交叉，也就是出生人口數較死亡人口數少，近期內將和日本一樣成為超高齡社會。二〇一八年臺灣的出生率為全球最低，僅有百分之一點二二，二〇一九年有可能再創新低。

大家都知道問題很嚴重，必須儘量提出解決方案，最近政府對於幼兒托育增加一些補助，但保育員卻良莠不齊，屢屢出現虐嬰事件，甚至有嬰兒因此死亡。二〇一九年下半年進入領導人選舉季節，就有候選人提出〇歲到六歲兒童由公家負責扶養，政府財政負擔得起嗎？很值得懷疑。

為了促進年輕人男女交往進而結婚，中國也有大學開設談戀愛修學分，二〇一八年七月旺報報導，河南中國礦業大學開設了「戀愛心理學」，礦大有六百多名學生選修，網路修課點擊逾一百二十萬次，在線選課人次累計突破一萬人，足見課程受歡迎程度。然而各方再多的政策方法仍只有旁敲側擊的激勵作用，最直接有效的方法還是「自己的子孫自己養！」請祖父母、外祖父母助一臂之力較實際些。

（三）為了子孫為了國家幫幫子女吧

在臺灣祖父母扶養孫子女的比比皆是，年輕人結婚生了小孩之後，必須夫妻同時上班才能打平開支，於是把小孩丟在鄉下或山上，兩人到城市裡工作，至於給他們父母多少錢，就憑良心和能力了，由於老人家多疼小孩，只有吃住小小開支多不太計較。這種現象在中國也多的是，所謂「留守小孩」就住在家鄉由祖父母照顧，過年才能和父母見一面的小孩。這些小孩和父母少了天倫之樂，而且教育方面也可能較為落後一些。還好這幾年中國政府對於偏鄉地區加緊建設，年輕人在家鄉有很多工作機會，留守小孩問題減緩許多。

然而小孩的教育費用才是支出的大宗，「不要讓小孩輸在起跑點」這是每個年輕父母的心願，除了學校課程外還要學習一些才藝，最常見的語言和音樂課程，甚至於一些健身防身的武術課。美術繪畫、心算珠算、電腦程式、舞蹈芭蕾，學了好多小孩真的有興趣、有天分嗎？但是望子成龍、望女成鳳的心理，年輕父母填鴨式的要小孩學習，甚至於同學間的相互模仿競爭，增加了學習項目，花費可就非上班族夫婦可以擔負得了得，所以我籲請祖父母、外祖父母大家一同來疼惜孫子吧！

（四）結婚是兩家的事子女是兩家的寶貝

中國一胎化政策實施三十多年來，只生女兒的家庭女兒嫁出去了，家中只剩兩個孤獨老人，而男方的責任可大了，家裡本來就有兩個老人家，還得照顧岳父岳母。只生女兒的家庭沒有內孫，心中不免一些遺憾，就把外孫當內孫好好疼惜吧！

有個要好的同學久沒聯絡，退休後找他才知道住在板橋，前往拜訪他高興之餘，送我兩套中央銀行曾經發行的紀念幣，邀他多次前來新店作客，他卻是每天兢兢業業照顧兩個外孫子女。

有個堂姊她女兒甚為優秀，臺大畢業後留學美國，取得博士學位後就在美工作。由於堂姊夫是因癌症過世，她努力研究人類癌症問題，現在波士頓一家癌症研究機構工作，堂姊和女兒母女同心時常住在女兒家中，嫁出去的女兒非潑出去的水。

女兒臺灣藝術大學畢業後，前往加拿大念音樂碩士，取得演奏家文憑後嫁給了溫哥華華裔商人。如今有個女孩和一個男孩，為了小孩子教育花了不少功夫和學費。二〇一九年夏前往探視，我說先生是獨子，將來只有這兩個內孫傳宗接代，公公婆婆應該擔負小孩教育費用，女兒說公婆有負擔一些啦。財產生不帶來死不帶去，請年長的祖父母們，投資孫子女吧，也算是為國家作育英才。

協力照顧孫子，有望提升祖孫親情關係。人老了有氣無力，似已走到人生的盡頭，如果長期臥病更令人覺得是累贅，走了之後牌位如何擺放，是否有人燒香祭拜，在在都是年老以後要面臨的問題。

因此建請當了公公婆婆的老先生、老太太，在能力許可之下多疼惜孫子、孫女，疼惜不是買東西給他們吃，買衣服給他們穿，而是提供學費讓他們念多一些書，給他們多學一些才藝，提升他們長大成人後的生活能力。

年輕父母親仍在工作之時，盡力自立自給自足，老人家不必留給他們太多遺產。老人家花點心思付些費用栽培孫子女長大成人，他們記在心裡，當行動不便之後會出面協助，百年之後的安置和奉祀問題皆可迎刃而解，我說的對嗎？請大家想想、思考思考。

第六章　走出孤獨．爭取愛情．男女平權

一、對症神帖，助妳走出孤獨

二〇一九年八月廿三日臺灣旺報提到作家衛慧，她覺得大陸女性經濟情感已自由，卻難掩孤獨，因此開創新教育，發展公益慈善事業。這是個正確的方向，個人再提出若干建言，期望大陸女性不再孤獨，快樂而且有意義地走過人生。

（一）助人最樂‧施比受更有福

中國經濟情感已自由的女性，必有固定收入而生活安定穩固，在這個同溫層中比較不易瞭解基層民眾，還有很多人過著窮苦的生活，時常三餐不繼在打拼者。窮苦人家小孩沒機會接受到較好的教育，可能未來一輩子過著窮困的日子，偏鄉地區的留守兒童，也可能面臨同樣的命運。

孤兒是很可憐的一群，他們沒有父母、親友陪伴，心靈上必然非常空虛，在成長過程中如果沒有給予心靈上的慰藉，長大後可能行為發生偏差，甚至於作出危害社會的事。殘障人士也事值得同情的一群，肢體障礙、生理障礙、先天性疾病，無論是後天意外所導致，或出生就殘缺不全的都值得同情關注。

助人為快樂之本，我建議孤獨的年輕女性走出同溫層，利用假日給這些小孩子一些溫暖，他們年紀輕輕人生還有一段漫漫長路，妳們如能給他們一些教育啟發，長大後有一技之長！心靈上有健康的思維，對他們個人以及國家社會都有助益。他們是弱勢的一群，如果時時有人關心他們，必能使他們心中充滿溫暖，而且對未來充滿希望。未來我還想到窮困的甘肅、西南的貴州孤兒院，去給年輕少年、幼小兒童打打氣，體會歷史上戍守邊城將士的生活，也看看地無三里平、天無三日晴是什麼樣子。佛家、道教都鼓勵人們多作善事、累積功德，以期來生更為平安、順遂、如意，利人又利己，大家都來助人行善吧！

（二）充實自己・淬鍊自己

「學海無涯，惟勤是岸」，在這知識爆炸、科技日新月異的時代，還有很多需要探索學習。然而吾人忙於工作時間有限，追求新知、充實自己就以兩個面向為目標：

1.工作有關新知

妳在金融業工作，投資理財是必須課程，這課程深奧異常，學會之後有助於妳的工作，也作為自身理財之用，一舉兩得何樂不為。如果妳是秘書、幕僚工作，妳要學習業務有關情報搜集、分析、判斷，爾後呈報主管或老闆，甚至於能夠為上級撰擬一份精彩的簡報，內容充實、段落分明、分析精闢、建言精確，妳很快就能升任主管職務。

AI、5G等高新科技將來會主宰我們的工作和生活，於公於私都要瞭解，花點時間深入研究其功能和影響有其必要。AI是人類心想電腦事成的科技，5G會影響我們日常生活，年輕人務必好好學習、深入瞭解，才能適應、生存於未來世界。

2.好好鍛練身體

健康的身體是事業的基礎，年輕人要拚事業才有雄厚的本錢。有個親戚才五十初頭就中風，不但事業沒了還連累家人，他們住在沒有電梯的五樓，看醫生上下樓更是累壞家人，一個幸福的家庭就變了調。還有個親戚年輕時就牙齒不好，中年後就時常要看牙醫，五十初頭就裝假牙，但並非就此一帆風順，假牙不好用常把牙床磨破皮，吃飯時反疼痛不堪，時常要找牙醫作調整，可見健康有多重要，每個器官、每個環節都不可輕忽。

定時到健康中心活動，或到舞蹈中心學學交際舞、熱門舞蹈，除了健身之外對於舒緩心中的壓力都有好處，甚至於促進腦部活動而使得思考能力維持清新、敏捷，可謂一舉數得。

3.培養生活樂趣

種種盆栽、蒔蒔花木，蓄養寵物、逗逗貓狗，都可怡情悅性，充實生活情趣。喜歡研究的朋友，天文地理都可作為研究對象，中國歷史悠久，宮廷故事、稗官野史、武俠小說都是可以閱讀的材料。

音樂可調劑身心，小夜曲令人心平氣和，交響樂令人心情澎湃，室內樂使人輕鬆自在，安魂曲恰似人生晚年、日薄西山。巴哈為何是現代古典樂之父，貝多芬憑什麼被稱為樂聖，莫札特為何被稱為音樂神童，德布西為什麼是浪漫派大師，妳都可以研究瞭解，成為西洋古典樂專家。

假使妳是哈日族就利用時間學學日語，妳喜歡浪漫的法國就學點法語，妳喜歡音樂之都維也納就學點德語，妳喜歡壯闊的俄羅斯就學點俄語，也可以周遊前俄羅斯聯邦時期周邊國家。出國旅遊英語是基本配備，假使妳沒把握用英語溝通，就利用時間學學英語會話吧！

（三）對自己好一點，不忘犒賞自己

女性上班族天天上班，努力工作，下班後以及假日時光就好好犒賞自己吧。二〇一九年三月八日婦女節前後，臺灣旺報刊登兩篇文章：「對自己好一點，陸女性重無形消費」、「陸白領愛零食，慰藉型消費崛起」。

前者重點包括：女性開始注重精神層面的修養與才情，如教育、旅遊、健身等無形消費變得比包包更重要。由於女性愛美天性，美容類消費增加了，三至六線城市美妝品銷量，以去年統計數字，增加幅度比一、二線城市高出一些。中產女性換季購買服裝的頻率較前一年翻倍成長，高端戶外休閒服飾在四、五線城市增長率高達百分之九十以上。

文中指出：新女性經濟時代，隨心所欲展現自我。單身女性經濟顯示，消費金額動輒幾萬元以上，不需與家人商量或報備。天貓發布報告顯示：「果敢、美色、運動、悅己、養成、機智」成為女性消費六大關鍵字。除了知識上的學習，多家旅行機構發布消費報告，大陸女性在自由行中的人數占比逐年攀升，已呈全面超越男性趨勢，進而產生新商機，包含催生出女性專屬的旅行線路、渡假村等。

後者慰藉型消費，能讓人減壓、愉悅，口紅、巧克力最受歡迎。中國大陸越來越多年輕白領愛上休閒零食，休閒食品企業在近年來出現了高速成長，「三隻松鼠」、「來伊份」、「良品鋪子」近三年來主營收成長率，都維持在百分之三十到百分之六十之間。

據瞭解，休閒食品主要消費族群為壓力較大的年輕女性是休閒食品的消費主力，其中廿三歲到廿八歲的消費者是零食消費的核心人群。調查又發現，百分之八十的消費者吃零食是為了讓自己心情更愉悅，巧克力是最受喜愛的慰藉食物，其次是蔬菜水果和洋芋片。

對自己好一點，時常犒賞自己，可以舒緩壓力，也可以排解孤獨、寂寞。

（四）單身女性應有親友同住，不宜獨居

現代女性追求自由之外，還希望有自己的空間無拘無束，也有人期望保有自己的隱私，自己的秘密習慣不願外人知道，所以選擇獨居。尤其是經濟能力較佳女性，追求自我更為強烈，住房要舒適、豪華、隱密，自己也認為社區保全的防護，安全上可以萬無一失。

但是單身女性一人獨居，除了安全上較為不利之外，生活無法有人照應，必然有諸多不便之處。日常三餐就是個問題，全部要自己打理，或者購買外送餐點；家裡缺了什麼或家用電器壞了都會讓妳手忙腳亂；又如發生意外跌倒腳受傷無法走路，做家事手割到了血流不止，怎麼辦？

一個人獨居孤單寂寞之外，常獨自胡思亂想，產生心理憂鬱疾病；或因電視投資訊息讓妳怦然心動，錢丟進去損失慘重，都是必須防範的。還有人早有宿疾，健康可能隨時出問題，必須有人在旁立即急救。上述各種狀況都是妳選擇獨居必須考慮清楚的。

早年有兩名美艷香港女星自殺，轟動整個華人世界，一個是林黛、一個是樂蒂。林黛本名程月如，主演過貂蟬、江山美人，卻在一九六四年廿九歲時自殺身亡；樂蒂演過倩女幽魂和梁山伯與祝英台，梁祝一片更在華人圈造成轟動歷久不衰，一九六八年才卅一歲自殺身亡。她們都有結婚，但婚後生活、家庭狀況外界一無所知，遇到不如意沒有交流對象，思想走向激偏而一走了之。

二〇世紀美國性感巨星瑪麗蓮夢露，曾經風靡全世界，連美國政要甘迺迪兄弟都想一親芳澤，大明星選擇獨居保護個人隱私，卻在一九六二年中突然在住家死亡。警方調查她有服安眠藥的習慣，最後以服藥過量致死結案；但也有消息指出她和多名要員有染，有人不願消息曝光，就以藥品將她毒殺。無論那個是真相，她個人獨居就是個風險。

上世紀華人世界歌唱巨星鄧麗君，四十二歲英年早逝也令所有華人感到惋惜。她在演藝界的能量，從華人圈轟動到日本、新加坡，卻在一九九〇年如日中天時淡出歌壇，移居香港深居簡出。她認識小十六歲的法國攝影師保羅之後，再遷居泰國清邁，一說是在那邊休養治療宿疾氣喘病。一九九五年鄧麗君氣喘病發作，保羅不在身邊，被發現後急救無效，一代巨星就此香消玉殞。後來有傳說她得了愛滋病，她有吸毒習慣，吾人不願也不信這些是事實，但是她選擇獨居，和一個毛頭小子同住就是不對。

鄧麗君淡出歌壇之後，可以和至親、好友同住，也不用移居香港、泰國；她可以追求真愛，找個可靠理想的對象，不必找個小伙子作伴，貪圖她美色、才華、金錢。保羅能夠作伴、當佣人之外，其他能夠作什麼、給她什麼協助，甚至有人說保羅明知鄧麗君有氣喘病，卻在發病當天故意不在她身邊，以致延遲就醫過世。毛小子不可靠，人心難測，都可作為吾人借鏡。

假使妳就是喜歡一個人居住，另一個保護自己的折衷方案，就是和至親好友比鄰而居，甚至在她家裝個電鈴，妳一有狀況或有危險，親友就可以立刻救援。如果比鄰而居有困難，在同一棟大樓中住在不同樓層，同樣有即刻救援的效果。如此既可解決妳的安全問題，也可助你走出孤獨、寂寞，妳可作個參考。

二、愛拚才會贏——愛情是爭來的

臺灣早年有一首臺語歌「愛拚才會贏」，至今仍令人愛不釋手時常傳唱，像是選舉造勢活動場合，大家合唱鼓舞士氣；公司員工聚會打拚業績，也常唱著「三分天註定，七分靠打拼」，希望大家拚出好成績。

數百年前西方民主運動興起，有人主張其權力是神授予的，有人主張人權是上天賦予的。但革命先行者孫中山先生主張權利是爭來的，提倡革命人權說，吾人認為最實際也最貼切。

有位友人老年後諸事不順，投資失利外也曾賭博，如今身無分文。工作數十年間月入豐厚，擁有兩個房子、上千萬存款，並給妻子和子女家用和良好教育。如今只剩房子一間在妻子名下，她和子女同住，妻子並有上千萬存款，生活無虞。友人曾多次和妻子協商給予經濟資助，或由於過去婚姻並不和諧圓滿，吾友總是要不到錢。我就告訴他類似情況只有努力爭取，依據現有房子是他早年買的，妻子存款都是他給的，到法院打官司爭取自己的權益。

二〇一九年五月，電視和報紙都報導一則新聞，好萊塢兩大巨星有緣無份的過往。廿五年前共同演出「捍衛戰警」的基諾李維（Keanu Reeves）和珊卓布拉克（Sandra Bullock），當時都互有好感喜歡對方，但雙方都沒有說出來，當然也就沒有擦出愛情火花。珊卓布拉克覺得基諾李維好帥，心儀不已；基諾李維則對珊卓布拉克的氣質和修為非常激賞。這兩大名星確如上述他很帥氣、她有氣質，彼此都只放在心裡，沒有積極去追求，這在西方開放社會確是少見，因此成為影視界的大新聞。

多年前臺灣有一首歌〈風從那裡來〉，歌詞中有關愛情的詮釋，吾人覺得很有啟發意義，茲將歌詞記述如下：

風兒多可愛……，陣陣吹過來，
別問愛從那裡來，風從那裡來；
來得急，去得快，有歡笑，有悲哀。
莫非這樣就叫愛……，
這調調兒真可愛……。
想愛就去愛，要愛儘管愛，
別問愛從那裡來，風從那裡來。

這首歌是原住民歌手萬沙浪所唱，歌詞和音調都有原住民的味道，豪放而且粗獷，或許是原住民朋友所作。如今萬沙浪已不在人世，但這首歌對愛的詮釋，可給予年輕人一些啟示：努力去追求愛情，覓得美好歸宿。

三、摒棄傳統僵固思維

中國人對於婚姻有幾個僵固的思維，千百年來深植人心未能改變。今天很多女性有著良好教育，穩定的工作收入，能夠獨立自主，更不急也不隨便嫁為人妻。以致有好多女性未能順利結婚，年過三十仍在單身族群中。如今時代不同時移勢遷，這幾個僵固的思維值得商榷，吾人提出來討論，希望年輕女性勇敢的戀愛結婚，過著幸福快樂的日子。

（一）男尊女卑是男人主宰社會的產物

中國自有歷史記載以來，就是男人主宰國家社會，女主內負責相夫教子，更有人認為「女人無才便是德」。女性本來就沒有什麼受教育的機會，少有在外拋頭露面，當然優秀的女性很少，達官貴人多是男性，因此有男尊女卑的觀念產生，何況男人可以擁有三妻四妾，女性找到比自己優秀的男性自然容易得多。

如今倡導男女平等，女性同樣有受教育和外出工作的權利，優秀女性增加甚多，男性未見得個個優秀，一定要遵守男尊女卑的教條當然有其困難，這是許多女性未能順利成親的主因。

女性擇偶時不要因為男人學歷較低，職位工作較差或收入較低就不予考慮，妳可以就對方其他條件再仔細評估。男生學歷較低但經商有成，或家有田產經濟能力非常可靠；有男生職位較低但忠厚老實、積極上進，是個有潛力的績優股，或有男人長相俊秀、身體康健，這些優秀條件妳都應列入考慮。

（二）男方要有錢有房子

中國城市地區買房確是個大問題，二〇一九年年中的報導，在深圳市買房，一般受薪階級要卅年薪資才買得起，和臺北市要廿八年薪資差不多。房屋住家是安身立命的地方，有了固定的家才能有安定的心努力工作，吾人提出若干建議，希能協助解決這個重大問題。

1.先到二、三線城市

中國二、三線城市物價、房價均較低，受薪階級初入社會較能負擔，俟有積蓄再把房子賣了，湊足金錢轉進到一線城市。今日中國交通建設突飛猛進，政府同時注意到區域均衡的發展，中小城鎮同樣有個人發展的機會，不一定非得都在

一、二線城過著緊張繁忙的生活。

2.請父母親、岳父母助一臂之力

年輕人買房向銀行貸款，或在外面租房，每個月薪資就給住房吃掉大半，這是年輕人不敢結婚的重要原因，沒有房子就不能成家一點也沒錯。我建議請老家父母親甚或岳父母助一臂之力。

多年來中國實施一胎化政策，很多生一男或一女家庭，男孩要結婚女孩要嫁人，就在這個時候，老人家給他們一個溫暖的家，子女們會感激不盡。老人家幫助小孩的方式很多，幫他們繳出百分之二十頭期款，甚至百分之五十的房屋總價，孩子們分期付款就輕鬆得多。

富有的老人家也可以全部負擔買房金額，就當作給予孩子的遺產、贈與，反正老人家走了一樣要給小孩子。假設老人家要把財產的權利弄個清楚，可以把購買的房子產權記載清楚，老人家希望擁有權利就登記他的名字，要給兒子就登記兒子之名。岳父母買給女兒的，同樣也可記載女兒名字。

再要分得更細也可登記房屋產權的持分，我岳父母留下幾個房子，當中兩個是以多人共同持有登記，小舅子持有十分之四，內人和大姨子各持有十分之三。假設老人家希望保有部份權利，同樣可以持有百分之五十作登記；假設男女雙方家長各出一半，可以子女各十分之五的產權登記。我如此呼籲和前述幫子女們教育孫子女是一樣道理，年輕朋友們可以提出要求，老人家也應仔細想想，你們幫了小孩子大忙，本身不會吃虧的。

（三）男方歲數較女方大一些

這個傳統觀念不外二個原因，其一是男方是一家之主，且擔負家計，年紀較大能負起重責大任；其二有人以為女人在生兒育女之後，過了中年就容易人老珠黃，較男人老得快老得多，因此要有數歲之差為宜。男人年紀較大卻有些大得很離譜，知名科學家楊振寧教授八十二歲時，娶了卅四歲翁帆為妻；二〇一九年九月，中國有位先生五十四歲娶了廿八歲小姐為妻，被稱為父女之戀。似乎應驗了身高不是距離，年齡不是問題。

如今中國人生活富足了，女性都會時常作身體保養，也不用天天勞動操持家務，而容易在中年之後就顯露肥胖和老態。有些女人過了三、四十歲甚至五十歲仍然花枝招展，多年前就有人倡導女人四十一枝花，如今這些女人被稱美魔女，有些女性因而被新聞報導出來沾沾自喜。二〇一九年九月中，臺灣有個餐飲業女老闆五十四歲，風韻猶存也被稱為美魔女，她和一位廿三歲健身業小伙子同居，有人說三道四，但他們說是同伙關係，這男生有投資這麻辣火鍋店。

臺灣有句俗諺「娶某大姊，坐金交椅」，其意為男女結婚女方歲數較大，男方可以高枕無憂，家裡大小事女方能妥善打理。小女論及婚嫁時，我也以傳統觀念告知，男方大個幾歲是較理想對象。結果事與願違，小女卅二歲結婚，男方是小三歲加拿大華僑。在臺灣結婚典禮、宴請賓客，所有細節都是小女一手包辦，當時男方親友就說小女相當能幹。女婿年紀小一些長相挺拔帥氣，有人戲稱他們是「女才郎貌」，如今旅居溫哥華，育有一女一男，家裡大小事多小女負責，女婿則專心他的商場生意，一家幸福美滿，女方歲數大些不好嗎？

男女結婚雙方歲數只是考量因素之一，其他如男方才華能力、身體長相、個性修養、家境情況都宜一併思考，就如前述以綜合評量甄選取才方式，決定妳的真命天子，如此一來擇偶範圍大些，妳覓得歸宿機會就多一些。林志玲結婚了，先生Akira小六歲；楊丞琳結婚了，先生李榮浩小一歲，她們可以作為妳們的榜樣吧！

（四）男女雙方應門當戶對

這也是中國傳統封建社會的產物，在那落後的農業社會裡，上層社會只有二種人，經商致富者為富人，從政高升者為貴人，不像如今這樣多元，各行各業都有傑出人才。再者，中國數千年歷史，各民族、宗教均融合在一起，人民相當自由且平等相待，故有「日出而作，日入而息，帝力何有於我哉？」諺語，我國也沒有類似印度的種姓制度，不同種姓有貴賤之別，不得相互通婚。

門當戶對是古時候的觀念，這種僵固的想法，在今天多元社會已不合時宜。學霸高材生就不宜從商，就不宜到鄉間務農，這些傳統想法如今也逐漸被年輕人所打破。他們從事經商，到鄉下經營農場，有好多人因而致富，他們覺得比起在城市裡天天朝九晚五，天天緊張地上班下班要好得多。

門當戶對也只是妳結婚要考量的諸多因素之一，吾人仍然主張一如前述，把男方各項優劣因素作綜合考量，擇優汰劣，選取妳心中理想的對象。

前述美國學者艾文亞伯拉罕和日本大學校長坂東真理子，都主張女性應主動追求愛情，勇敢去愛妳所愛，妳就不要被傳統僵固思維所侷限了。

四、女人要有錢，但應取之有道

（一）男女平等第一步：女人要有錢

自古以來就是男女不平等，女人在男人主宰的社會中，很難和男人並肩而坐。近百年來自由平等浪潮有增無減，各國仍覺得男女是不平等的，男女工作薪資不平等最為明顯，而且幾乎世界各國沒有一個例外，這也是女性一直爭取和男性平等的最大原因。

金錢不是萬能，但沒有錢萬萬不能，也就什麼事情都做不了推不動，所以女人要有錢我深深地體會是必要的，這讓我回憶起小時候曾聽說的「女人私房錢」。我出生在耕農的大家庭，父親操持家計養活十多口的大家族，三餐大家吃吃喝喝之外，還有子女和孫子女的教育問題。父親辛苦種稻之外還種植各種雜糧作物，收成出售之後供小孩子們繳交學費，就這樣大家終年辛勞、節衣縮食，把子女和孫子女養育成人。

家父掌管家裡經濟命脈，家人用錢都向他伸手，家父明理且公正，對於必要開支絕不吝惜，大家公平對待沒有大小眼，因而受到家人敬重。由於家父會支付各種費用，所以對於女人存有私房錢非常不能理解，認為這是不能公開的不道德行為。但對於母親私下存有一些錢則認為是應該的，因為她的錢是來自雞鴨鵝出售所得，這些家畜大半是她天天照顧養大的；另有部份是來自子女過年時孝敬的壓歲錢，錢的來源公開透明沒有話說。再者，家母的錢從未用在自己身上，她是用在親戚間人情世故的支出，給孫子女們紅包，給出嫁女兒們作月子增添喜氣。先慈相夫教子數十年，晚年曾受表揚為「模範母親」實至名歸。總而言之，女人要有錢才做得出事情來。

二〇一九年三月八日婦女節，報載「全球女性工作指數報告」，中國大陸男女薪資差距高達百分之廿五，遠高於OECD國家，差距百分之十五平均水平。這也是中國大陸女性積極爭取男女平等的重要原因；前曾述及「女人撐起半邊天」，是以現代女性主張「女人要有錢」非常合情合理。

（二）女人有錢應取之有道

女人要有錢這是天經地義的事，臺灣電視為此拍了連續劇，打動了很多年輕女性的心。但以東方人的道德觀念，仍然是取之有道為宜。

美國有一些年輕交際花周旋在職業球員之中，職業籃球、棒球和美式橄欖球員，收入甚高又年輕力壯。這些交際花多在這些球員中賺一大筆，最後找個合意的球員嫁了，她們大半不敢曝光，只有在球員之間你知我知的秘密，畢竟這樣的賺錢方式並不光榮也不名譽。

二〇一九年九月，臺灣ＴＶＢＳ報導有位美國年輕美女律師，說是為了爭取女性合法的性工作權，每個月有一半時間到內達華州從事性交易賺錢，每次賺得數萬美元，再回到愛荷華州與丈夫兒子相聚。這位希爾斯美女律師全家在鏡頭上曝光，同樣是律師的先生被記者問到是否知道太太到內達華州從事性交易，他靦腆的說知道此事。希爾斯先生一副不好意思的模樣，表示這並不是一件光榮的行為，希爾斯小姐願意曝露這件事，吾人以為爭取女性性工作權是一回事，利用新聞傳播媒體打知名度是其目的。女性這種賺錢方式，妳同意嗎？

日本AV女優也是性工作的一群，有些大牌、知名女優名氣不下電影名星，臺灣也向日本看齊，常邀請若干名來臺作秀。年輕就是本錢，可以好好賺一筆，人老珠黃就不值錢了，必須在身邊有點積蓄時急流勇退，改邪歸正另謀可長可久工作。否則會如旅日作家劉黎兒所說，AV女優晚年多半是悽涼的。

五、臺灣兩性工作平等法概要

孫中山先生對於平等有諸多精闢闡述值得一提。他說自古以來世襲的帝王公侯伯子男民是不平等的，人們有聖賢才智平庸愚劣，要讓大家憑本事努力，自由發揮其才能方是真平等；假使運用外力支持平庸愚劣就是假平等。依此推論，男女兩性應各憑本事自由發揮，公平競爭才是真平等不是嗎？但是由於女性肩負生兒育女的天職，復由於女性不同男性的生理機能，無法和男性在職場上公平競爭。因此之故必須有法律支持保護女性，才能和男性公平競爭，這也是今天各國家地區紛紛制訂男女工作平等法律的原因。

一九九〇年代，日本開始研擬制訂男女工作平等法，並於一九九六年公布實施，於是臺灣各界研訂相關法律呼聲不斷。但臺灣對於內容、涵蓋範圍意見不一，工商業、雇主團體反對也是延宕原因。直到二〇〇一年年底，民進黨執政方才通過，並於二〇〇二年一月十六日公布實施。臺灣兩性工作平等法內容大要如下：

（一）總則

1. 立法意旨：

為保障兩性工作權之平等，貫徹憲法消除性別歧視、促進兩性地位實質平等之精神，爰制定本法。

2. 適用範圍：

包括勞工、公務人員、教育人員及軍職人員。

3. 主管機關：

中央為勞動部，直轄市為直轄市政府，在縣市為縣市政府。

4. 主管單位：

各級主管機關應設兩性工作平等委員會，負責審議、諮詢及促進兩性工作平等事項。

各級兩性工作平等委員會應置委員五至十一人，其中經勞工團體、婦女團體推薦之委員各二人，女性委員人數應占全體委員人數二分之一以上。

5. 經費編列：

各級主管機關應編列預算，辦理婦女職業訓練、就業服務及再就業訓練，並提供及設置托兒、托老及相關福利設施。

(二) 性別歧視之禁止

1. 雇主對求職者或受僱者之招募、甄試、進用、分發、配置、考績或陞遷等，不得因性別而有差別待遇。但工作性質僅適合特定性別者，不在此限。
2. 雇主為受僱者舉辦或提供教育、訓練或其他類似活動，不得因性別而有差別待遇。
3. 雇主對受僱者舉辦或提供各項福利措施，不得因性別而有差別待遇。
4. 雇主對受僱者薪資之給付，不得因性別而有差別待遇；其工作或價值相同者，應給付同等薪資。但基於年資、獎懲、績效或其他非因性別因素之正當理由者，不在此限。

5.雇主對受僱者之退休、資遣、離職及解僱，不得因性別而有差別待遇。

6.工作規則、勞動契約或團體協約，不得規定或事先約定受僱者有結婚、懷孕、分娩或育兒之情事時，應行離職或留職停薪；亦不得以其為解僱之理由。

違反前二項規定者，其規定或約定無效；勞動契約之終止不生效力。

(三)性騷擾之防治

1.本法所稱性騷擾，謂下列二款情形之一：

①受僱者於執行職務時，任何人以性要求、具有性意味或性別歧視之言詞或行為，對其造成敵意性、脅迫性或冒犯性之工作環境，致侵犯或干擾其人格尊嚴、人身自由或影響其工作表現。

②雇主對受僱者或求職者為明示或暗示之性要求、具有性意味或性別歧視之言詞或行為，作為勞務契約成立、存續、變更或分發、配置、報酬、考績、陞遷、降調、獎懲等之交換條件。

2.雇主應防治性騷擾行為之發生。其僱用受僱者三十人以上者，應訂定性騷擾防治措施、申訴及懲戒辦法，並在工作場所公開揭示。

雇主於知悉前條性騷擾之情形時，應採取立即有效之糾正及補救措施。

（四）促進工作平等措施

1. 女性受僱者因生理日致工作有困難者，每月得請生理假一日，其請假日數併入病假計算。
2. 雇主於女性受僱者分娩前後，應使其停止工作，給予產假八星期；妊娠三個月以上流產者，應使其停止工作，給予產假四星期；妊娠二個月以上未滿三個月流產者，應使其停止工作，給予產假一星期；妊娠未滿二個月流產者，應使其停止工作，給予產假五日。
受僱者於其配偶分娩時，雇主應給予陪產假二日。
陪產假期間工資照給。
3. 受僱於僱用三十人以上雇主之受僱者，任職滿一年後，於每一子女滿三歲前，得申請育嬰留職停薪，期間至該子女滿三歲止，但不得逾二年。同時撫育子女二人以上者，以最幼子女受撫育二年為限。
受僱者於育嬰留職停薪期間，得繼續參加原有之社會保險，原由雇主負擔之保險費，免予繳納；原由受僱者負擔之保險費，得遞延三年繳納。
育嬰留職停薪津貼之發放，另以法律定之。
4. 前條受僱者於育嬰留職停薪期滿後，申請復職時，除經主管機關同意者外，雇主不得拒絕。

5.育有未滿一歲子女者，得每日哺乳二次，每次三十分鐘。

6.育有未滿三歲子女者，得申請每日減少工時一小時，或調整工作時間。

7.受僱者因家事須要得請家庭照顧假，全年以七日為限。

8.僱用受僱者二百五十人以上之雇主，應設置托兒設施，或提供適當之托兒措施；主管機關對於上述設施及措施應給予經費補助。

（五）救濟及申訴程序

1.受僱者或求職者因雇主違反本法規定，雇主應負賠償責任。

2.受僱者或求職者遭受性騷擾時，雇主和行為人應共同負損害賠償責任；受害人雖非財產上之損害，亦得請求賠償相當之金額。

3.受僱者發現雇主違反本法規定，得向地方主管機關申訴。

4.雇主、受僱者或求職者對於地方主管機關所為之處分有異議時，得於十日內向中央主管機關申請審議或提起訴願。

（六）罰則

違反本法相關規定者，處新臺幣一萬元以上十萬元以下罰鍰。

男女工作平等的法律是齊備了，但是多年來女性提出不平等申訴的案件卻少之又少，或許是上有政策但下有對策；也可能是即將申訴的案件私下和解吧？如今男女同工同酬的目標仍無法達成，女性朋友們繼續努力爭取吧！

第七章　瞭解男人・認識自己・無往不利

一、年輕女性對男人一知半解

二〇一九年一個夏天的傍晚，我到一家超商去看晚報，有兩個二、三十歲的小姐正談論著男女關係，在半個多小時談論中，我發現她們對男人有些誤解之處：

1.有哥兒們個性的女生較易交到男朋友。

2.同性戀的女生是因為交不到男朋友。

3.皮膚白皙才是美，黝黑皮膚男人並不喜歡。

有哥兒們的個性的女生多半較為活潑，很容易和男生玩成一塊，比較容易認識男人，這是真的。至於是否較易交到男朋友，仍得看看其他條件，例如長相、個性、興趣等等，或許在一起不久就分手了。

同性戀的人，不論男女都有生理和心理上的因素，不是因為找不到異性朋友；而且有些人是雙性戀，同時有同性和異性朋友，或是曾經有過異性戀之後，才同性戀。

女人一般皮膚白皙確實較為吸引人，但是太白而無一點紅潤色澤，反而令人感覺是否不健康，電視上有些主播把臉化妝得毫無血色並不好看，這是為什麼女人常有腮紅化妝的原因。現在很多人注重健康，喜歡往野外作活動，形塑健美的身材，自然皮膚較黑，但仍然有男人認為這是健康的象徵，西方人士喜歡作日光浴，南美洲女人就不如歐洲人白皙，卻仍受歡迎，她們常在世界性的選美大賽中脫穎而出是個例子。

女人對男人有些看法是錯誤的，茲予臚列如下：

（一）男人偏愛難於追到手的女人

研究發現這種情況並不多見，男人對女人的喜歡程度，仍以這位女人給這男人有多大的吸引力而定，他認為值得努力去追才會多花功夫。現今事事講求快速的社會裡，男人很少會再花很多時間在一個女人身上。

（二）男人喜歡在性方面表現主動

實際上只有一部分男人喜歡這樣，多數男人並不喜歡在性方面永遠主動，主動與否取決於男女之間關係的親蜜程度。倘若女人在性關係上有明顯表示，對男人也是一種鼓勵，因為男人也需要被愛、被需要。

（三）男人為了討好女人而結婚

男人是否結婚仍以這個對象可否作為終身伴侶而定，假使男人為了討好女人而結婚，一個可能是他真正深愛著她，另一個可能是這個女人有某項優越條件吸引了他，譬如女人家世顯赫、經濟優渥、學識淵博，甚或雙方在性方面非常滿足。

（四）男人的感情投入不如女人深

這也是錯誤的看法，男人很少流露出自己的感情，或者說不像女人表露得那麼多。男人一樣有感情，尤其是年輕小伙子血氣方剛，更容易在感情上愛得你死我活，對於女人要離開會暴力相向，以武力作威脅。

（五）男人本質上喜歡一夫多妻

從生物學上的意義來講，確實使男人喜歡一雄多雌，但有研究指出一旦義務與責任的關係確定，現在男人把忠誠看得很重。因為這是法律上的規定，另外是男人不喜歡一個家庭弄得很複雜，搞得雞犬不寧。因此這現象只有在回教貴族王公和若干傳統王室如泰國存在著。

（六）男人永遠是個大男孩

事實上這種男人並不多見，男人像個大男孩大致有三種，一種是男人在工作上異常忙碌，上班時耗盡體力和精神，下班後在家裡希望太太把家事處理得好好的。另一種就是大剌剌的男人，只管大事不管小事，生活上枝微末節的事由女人去處理。最後一種男人是天生邋遢，沒有整潔習慣，什麼東西都亂丟，太太就很辛苦了，老公卻樂得輕鬆。

二、瞭解男人習性，拉近彼此距離

（一）男人需要讚美和鼓勵

有個諺語說：女人靠一句讚美的話就能活下去，男人則要靠他的工作。似乎指明女人才需要讚美，男人沒有必要，但實際上男人也有意志消沉的時候，人人都會遇到挫折。男人擔負養家活口的重任，賺不到錢，三餐不繼，全家人都在仰望他的時候，他心裡壓力可想而知。

曾經有位女性友人和我吵架了，我就不再聯絡，她卻一再捎來簡訊要復合。我說我是個窮酸學究有什麼好懷念的？曾經多次問她原因就是不講，彼此關係就卡在那裡。她想復合一定有值得懷念的優點存在，我很想知道答案，她既然不講就有一層隔閡存在，彼此關係就無法拉近。我問了話，對方不講，個性就不夠坦白爽朗，作朋友有什麼意思。我希望知道個人有什麼優點，也渴望人家一句讚美的話，有些女人都不知道這些道理。男人一樣有消沉失意的時候，如果有句鼓勵讚美之語，會使人精神為之一振，恢復充沛的活力。

（二）觸摸傳遞肢體語言若干訊息

觸摸可以傳送溫暖、同情、理解和關懷。西方禮儀中握手是禮貌，也代表彼此友誼和友好；相互親著臉頰代表溫暖和關懷，在緊張激烈的競技場上，女選手走下競賽臺階，教練都會給予擁抱，親臉表示慰問之意。

臺灣選舉戰場競爭激烈，主角上鏡頭愈多愈好，旁邊的小編、秘書也是吸睛焦點，這些年輕美女跟在主角身邊，常有拉著手、觸摸主角的動作，旁人以為或許是傳遞訊息，實際上是代表相互關係是沒有距離的。

個人退休後仍擔任臺北市勞資爭議調解委員職務，有一次調解會議結束，有位參與會議年輕女律師前來握手話別，我心中非常驚訝，因為以前從未發生過，尤其那位律師的手柔軟細緻，心中自然留下深刻印象。

女性朋友們，當妳覺得這個男人值得認識，就不吝伸出友誼的手握一下吧！

（三）溫柔和撒嬌是女人的利器

有人說女人爭吵的利器是一哭二鬧三上吊，其實真正利器是溫柔、撒嬌和甜言蜜語。臺灣人有句俗話說：疼某（太太）大丈夫，打某（太太）豬狗牛。女人本來就是比較柔弱的，男人打她算是大丈夫嗎？

女人在爭取權益當中，既然用溫柔撒嬌的動作、甜言蜜語言詞，男人憑什麼要發脾氣？除非這項請求沒有道理，要求非常超過。假設要求的事情太超過，但卻是男人做得到的，妳一次沒爭取到就等下一次吧！但請妳準備充分的理由和令人信服的道理，這樣妳成功的機會就大一些。

前曾述及「溫柔鄉是英雄塚」，有些女人懂得男人的弱點，就是在床笫間溫存是男人最脆弱的時候，厲害的女人常利用這場合中予取予求，或許妳也可以學習箇中奧妙之處。

（四）學習幽默適時運用

幽默是人與人間的潤滑劑，適當的運用可以緩和人與人間緊張關係，譬如前述蘇格拉底對付慓悍妻子的方式，可化解一場家庭革命。

有對男女約會，女方遲到了一段時間：

男：妳一向守時，今天怎麼遲到這麼久？

女：我遇到同志結婚合法化大遊行。

男：妳去參加遊行，支持同志結婚？

女：不，我是去瞭解一下，他們想要小孩子的時候，怎麼生出來？

以上應對，就可以把遲到一事輕輕的化解。我發現臺灣人幽默方面的素養，比起西方人差一些，比較不懂得運用幽默，即使是講了些詼諧的話，但都帶著黃色意味。黃色笑話當然也是幽默之一，但應該在熟識朋友間交談為宜，但也不要太露骨，高雅一些會更有意義，也可顯示妳修養的高度。

（五）男人多喜歡豐腴女性

年輕女孩看了很多女性模特兒都很苗條，因而以為男性都喜歡這種身材女性，事實上這是個錯誤的觀念。以前電影廣告常把女主角戲稱為「肉彈」，把女主角的身材尤其是胸部之美突顯出來，藉以吸引男人注意。二十世紀有三位知名女星，身材都玲瓏有致，相當豐腴：BB是法國碧姬芭杜，CC是義大利籍克勞黛卡第娜，MM是美國瑪麗蓮夢露，很苗條的只有奧黛麗赫本。

女性身材比較豐腴固然是吸引男人的原因，但有專家研究：身材較豐腴女性個性比較好，也就俗稱的「性情中人」。俗話說：「心寬體胖」，係指較胖的人心胸比較寬闊，或許是生活中事事順遂，因此天天吃飽睡好。

就個人多年觀察心寬體胖確實存在，比較不會斤斤計較。清瘦的人多是精力充沛、精神奕奕，他們非常精明理性，但都是以維護自身立場為主，較少考慮到他人感受。至於較肥胖的人則是率性，喜歡什麼就做什麼，特別是想吃就吃，比較不能節制自然身材胖些。

身材中等者是否事事都好相處，就請大家仔細觀察，親身體驗吧！

（六）看懂男人但不能太過精明

坂東真理子要求女性要看懂男人，就是要分辨出男人是好還是壞，也要知道那些是男人欺騙女人的技倆。這是對女人很好的建議，對初入社會女性最珍貴的忠告。因為好多女人遇人不淑而失身，痛失錢財甚至丟掉性命。如今網路交友異常方便且普及，網頁看到的男人呈現都是好的一面，在完全不瞭解的情況下，或許第一次相約碰面就出了事情。

要看懂男人並不是件容易的事，俗話：「知人知面不知心」，這也就是今天社會上詐騙案件層出不窮的原因，吾人只能以「生財有道，戒之在貪」作提醒。至於對於人的判斷，吾人建議仍以前述「誠信」為判別標準，以長期觀察「事久見人心」來發現好男人。

女人不能太過精明，就是不要凡事斤斤計較，最常見的是金錢方面的處理。朋友間共同出遊，有些花費是某人先支付，事後就有大家分攤的問題，計算每人負擔費用就盡量簡化，不必計較到幾塊錢、幾毛錢。假設妳家境不差，有時候就多分攤一些，會贏得大家對妳的敬重。

其他常見的狀況是家產的分配，樹大分枝，人老分家，幾乎每個人都會碰見。假使只有老人家財產分配問題比較單純，如老人家有龐大產業或兄弟共同經營事業就複雜了，分家時仍以公平、公正、公開為宜。還有嫁出去的女兒回娘家分配財產問題，假設娘家遺有龐大資產，很多女兒會隨時盯住財產處理狀況，因為依法她們可以和兄弟們平分。這些事情大致說來是「家務事」，外人不便說三道四，但凡走過必留下痕跡，太精明的女人會爭得很厲害，將來都會傳開來，吾人以一句臺灣話作結尾「留一些給人家打聽吧！」

（七）看懂男人的劣根性

有人列出男人常見的劣根性，妳要提防男友是否一樣沒水準。

1.喜歡打探別人的隱私：譬如女友的習慣、嗜好、家庭狀況。在雙方尚未論及婚嫁之時，男方不宜打探太多個人隱私。

2.喜新厭舊、見異思遷：這種男人以遊戲人間和女人交往，心中並無結婚打算，能夠占些女人的便宜以此為樂，這種人以有錢人家少爺為最。

3.虛榮裝闊、空心大老倌：一個男人家境平平，收入微薄，為博得女人芳心，卻裝闊、裝富有，身上的錢、一身打扮都是借來的，妳仔細些可以拆穿西洋鏡。

4.性好漁色，來者不拒：就有男人同時結交多位女友，或許他正和其他女性約會中，卻回妳說工作正忙；有男人結婚了，仍有小三、小四，這是這類男人的原形，妳不可不防。

三、自我觀察・認識自己・無往不利

有人把女性的性格分為五種類型：

（一）內閉性性格

這種女人比較缺少社交手腕，封閉自己，喜歡獨自思考。雖然比較忠厚老實，但不能與大家共言歡樂，個人東西不與人分享。幻想性較高而不切實際，難以接受事實的打擊，性格上比較脆弱一點。

這類型女性應走出自己世界，多和人交往，多一些社會上的歷練。

（二）協調性性格

這類女性善於社交活動，心情活潑開朗，喜歡照顧別人。做事能屈能伸，容易和人妥協，富幽默感，是個現實主義者。但也有悶悶不樂的時候，遇到不順遂就顯出心浮氣躁。

這類型女性社會經驗豐富，交遊廣闊事業容易成功，只要學學如何解決困難，多多修養心性就能順遂如意。

（三）固著性性格

這類人做事按部就班，認真努力，耐心力較強。個性忠厚卻常欠缺通融，較固執而說一不二；講道理卻常不接受他人意見。因具有強度忍耐性，因而不易被挫折所打倒。

這種個性最適合擔任公務員，擇善固執為人民服務。

（四）自我顯示性性格

這種女性具有表演天份，好勝心強，不肯認輸，雖然對人不懷惡意，但仍有自私心存在，被人視為個性較強之人。這種性格的人，常把喜、怒、哀、樂的感情流露於外；有時候容易見異思遷，或者意志不堅定，對事抱著三分鐘熱度，寄望於一步登天的夢幻中。

這種人既然有表演天分就當演員吧，可以在戲中隨時表演喜怒哀樂的情感。

（五）神經質性格

這種人神經過敏，喜歡注意小事，而又會為之操心的人。因過分小心，動輒就會引起無謂的憂慮，對一些不值得操心的事也耿耿於懷。這種個性的人很容易自我內省，但卻又對自己缺乏信心；常為他人處理自己相關事情而操心，且對處理後的事情感覺不滿意。

這種人既喜歡注意小事，就學作幕僚或秘書工作吧，反正會有上級盯住她。

一樣米養百樣人，而世界上恰好有各類各項的工作需要人去做，就以人盡其才、適才適所的原則，讓各種性格的人去自行發揮吧！俗話：「江山易改，本性難移。」人們也都有自行選擇工作的自由，大家也不用為一些性格上的缺陷而擔心，反正橋到船頭自然直。

妳是歸類於那種性格的人呢？如果五種都不是，那就作為觀察女人的參考吧！

四、展現職場魅力，提升妳的能量

在工作中儘量發揮能力，並展現妳的魅力：

1.盡量顯示出你的穿著特點，這個特點可以表現在皮帶上、或是其他的配件上。任何能使你衣服、外觀增色的東西，你都該讓它看起來很突出，因為這些飾物能使你看上去很醒目、且易於辨認。

2.注意自己的頭髮和指甲，應該永遠保持清潔。不要忘了，鞋子也很重要。常看到穿得漂漂亮亮的男女，但他們的鞋子很髒，於是破壞了整個效果。

3.仔細觀察公司內受尊重的人。看看他們做什麼？怎樣做的？

4.充滿熱情、樂於助人、敏銳、自信，但不要顯得傲慢、自負、咄咄逼人或聰明過分。抓住一切機會表示你的誠實、可靠——這是一個寶貴的優點。

5.熟知公司的業務範圍，熟悉公司的產品、顧客、結構和競爭對手。

6.廣結人緣，讓每一個有份量的人都知道你。

7.發揮你的創造性。當你聽到問題時就思考這些問題，不管這些問題與你是否有關。

8.不要怕別人注意你，不要怕在會議上表達你的觀點——即使你認為你的觀點會與某人的看法發生衝突。

9.儘量坐在會議主持人旁邊或對面。盡可能常常正視主持人，坐時要貼近桌子，表現出很感興趣、全神貫注的樣子，在適當的時候報以微笑。

10.如果你想得到提升或加薪，一定要注意時機，在公司動盪或財政困難時，絕不宜提出這種要求。最好的時機是在你成功地完成了一項困難的工作後，或在你贏得了新的生意或得到年度表揚之後。

11.掌握談判的藝術。不要提不現質的要求，這樣只會得到乾脆的拒絕。清楚你的要求、堅定但令人愉快地講出來（先決定你要講什麼，然後決定怎麼講），永遠給別人留有餘地。

12.如果對方提出的問題和觀點使你惱火，你必須要保持頭腦冷靜地說：「這是有趣的觀點，過一會兒我再作答覆，讓我先表達另一個議題的看法。」

13.不要告訴你的同事你打算做什麼。當你獲得了提升，而別人沒有時，也千萬不要在他人面前吹噓自己。

14.不要讓老闆對你產生戒備，也不要一開口就抱怨。最好這樣說：「我認為我應該得到提升，因為……」然後舉出你的理由。

15.不要忽視「關係網」的作用。如果你所處的行業有自己的組織，並替來自各公司的人提供開會、見面的機會，那麼不妨利用這些機會與別人建立聯繫。誰知道他們將來對你有沒有幫助呢？你一定要好好地利用這一點。

妳的能力發揮出來，妳就受到重用，步步高升；妳展現魅力，妳會受男人青睞，刮目相看。

第八章　我見・我思・我分享

每個年輕人都對一生懷有美夢，都希望事業成功、事事順遂，本人願以畢生經歷、所見所聞提供建議，讓你們在前往成功的路徑上更為通暢、順遂。

首先，請記得革命先行者孫中山先生說過一句銘言：「人生之事，不如人意者常十居八九。」我高中念「三民主義」時就讀到這句銘言，當時覺得很納悶、

很疑惑，因為我們不是也學到「人定勝天」、「有志者事竟成」的格言嗎？兩者不是完全衝突、矛盾呢？如今，我體會出來了，「人生之事，不如人意者常十居八九」這是真的，而「人定勝天」、「有志者事竟成」這兩句話是勉勵人們不如人意，遭遇挫敗時，我們應持有的信念和態度，因此，兩者之間並不矛盾，這是給年輕人的心理建設。吾人給年輕人的十二項建議羅列如後。

一、一年之計在於春，一日之計在於晨

這些老生常談是有其道理的，「一年復始、萬象更新」這是年少時過年春聯常見的字眼。一年剛開始，我們常會對這一年有些期許和計畫，作為這一年努力的目標；又由於過年，尤其是農曆年是大家團聚、歡聚的日子，也有很多人出國旅遊、散心。過年也是立春之後收假了，萬象更新、處處充滿生機，氣候日漸暖和，正是開始規劃一年大事，並且積極努力工作之時。

一日之計在於晨，這是我畢生奉行不逾的銘言。從小就跟著家人有著早睡早起的習慣，到了讀書那段時間，發覺早上剛起床精神最好且記憶最佳，因此無論是升學考試或參加高等考試都利用清晨以及上午時間作準備。年長之後，精神、

腦力不如以往，因此重大事情、複雜問題之思考，都利用清早精神最佳時作決定，退休後之寫作亦利用清晨運筆，年輕人可作參考。

二、拜師學習，一日為師終身為師

拜師、學徒制這是自古以來中外皆然，孔子有七十二門徒，耶穌和穆罕默德也都有門徒繼承其志業，所謂「名師出高徒」是也。我們在很多音樂家、畫家的經歷當中，都可以看到他們曾經事師那位名師、名家，來增添其資歷、光彩其門面。歷史上官吏之拔擢，無論是賢良方正之舉薦，科舉考試之按科取士，主試、主考之官員就是老師。凡經錄取為官者就是門生，終身拜這些相關官員為師，幸運者因而平步青雲。近年臺灣官場上亦不乏這些事例，筆者碩士論文指導教授，後來成為官場上的長官就是一例。蓋大家公認之名師、名家均有相當社會地位和聲望，如能獲得青睞、提攜，就有機會在初入社會時贏在起跑點上，青年學子在學習過程當中宜注意把握這種機會。

三、成功不是偶然的，毅力是關鍵

「成功是一分天才，九十九分努力」，這是勉勵想成功的青年，不斷的努力、堅毅不拔的精神，是事業成功的重要因素。歷史上的偉大人物，憑藉堅強毅力成就非凡事業者，張騫、班超、玄奘是可供借鏡的佼佼者。

孫中山先生推翻滿清曾經歷過十次起義失敗，復且十餘年之中在國外冒著生命危險，逃避滿清政府的追捕。他和宋慶齡結婚時送她一把手槍，隨時因應被捕的危機，冒險患難、堅毅不拔，終能成就其偉大志業，成為舉世偉人。

「一次不要追兩隻兔子」，這也是要奉勸青年人一句話，因為天才本來就很少，一般人的資質、天分是無法同時進行兩件事情而又成功，除非這兩件事情是有相關的，例如報考研究所和國家考試，科目幾完全相同。專心致志、摒除雜念、心無旁騖地努力是成功的關鍵之一。

四、遇瓶頸時，請教前輩是個捷徑

「人生是個冒險的旅程」，這樣比喻人生是相當傳神的，在成長過程之中，你可以選擇走自己的路，然而成功與否、遭遇什麼困難，真的就像探險家冒險、探險一般。如何逢凶化吉、趨吉避凶，在遭遇困難時，請教同一行的前輩是個捷徑。我們都聽過一些倚老賣老的話：「我走過橋比你走過的路還長」、「吃過的鹽巴多過你吃的米」，這些說法或許太過誇張，但是他們曾經碰過什麼困難，是怎樣跌倒再爬起來的，知道了可以讓我們成功的機率大增，抑或可以少走一段冤枉路。這些前輩、老者願意提供機會傳承，志業後繼有人也樂得拔刀相助，我們何樂而不為？

五、注意健康，保養身體從小做起

我們的身體類似一部複雜的機器，由很多零件組裝而成，必須隨時注意保養，而且是年輕時就要做起。就以個人牙齒保健為例，因為小學時就跟隨哥哥就寢前刷牙，如今只是「不小心」壞了一顆；有位親戚年輕時就疏於保護，六十初頭就幾乎全部壞掉，十多年來時常受到牙疼的折磨。

多年前有位堂哥從事土木包工業，因為時常承包政府機關工程，因而常和主管之公務人員應酬喝酒，久而久之得了肝癌，在青壯之年就過世。我住新北市新店區，原來新店市為縣轄市，市長為直接民選。有位市長原是民意代表，常與地方人士應酬喝啤酒，膺任市長後腎臟損壞，雖經努力急救仍在任內去世。有位親戚比較不注意飲食健康，六十初頭中風而手腳不便，家人要他勤做復健，希望能恢復健康，但做復健肢體常疼痛不適，因而效果不佳。他日生常活很不方便，家人為照顧他也忙得人仰馬翻，全家人生活步調都受影響。可見身體健康對個人、對家人有多重要。

六、遭遇壓力時，尋求舒解壓力方法

「家家有本難念的經」此話當真不錯，近年來臺灣有多家企業異常成功、輝煌騰達的家族，大家長過世之後，後生晚輩紛爭不斷可以見之。吾等平民百姓常遇壓力自不待言，年輕人必須夫妻同時上班才能因應家族開支，職業婦女馬上遇到工作和家庭平衡的壓力。家庭經濟壓力會逼得男人喘不過氣來，又有子女的照顧和教育問題等等都令人傷透腦筋，無怪乎現在有很多適婚年齡男女不敢結婚。

壓力會使人不想活下去，因而自殺者有之，未能妥善抒解者長久壓抑的結果，易於導致壽命的折損。有鶼鰈情深之夫妻，於另一半過世後不久也跟著去世；常聞六十多歲退休人員，於離開職場之後，未能妥善規劃退休生活很快就過世，足見心理壓力對於生命的重要性。

曾經有人分析中國黨、政、軍高層人員長壽的秘訣，統計結果有四大秘方：「充足睡眠」、「經常運動」、「妥適營養」及「開朗心境」。吾人既然時常遇到壓力，是以抒解壓力成為日常生活功課之一。運動是常見方法，既可健身並可舒暢心情，亦有機會結交同好友人。其他學習書畫、擔任志工樂以助人，在國內短期旅遊或規劃出國散心皆可。又如打打麻將、吃個大餐、看場電影，也是很多人的興趣，只是必須適可而止，不能傷了荷包又傷害身體，對抒解壓力、延年益壽於事無補。

七、慎交朋友——友直、友諒、友多聞

年輕人有機會會結交認識同儕，同學、玩伴、朋友的朋友都可能是交往對象，然近朱者赤，近墨者黑，當今最可怕的兩個年輕人的病毒，一為詐騙集團、一為毒品氾濫，而且是成群結隊地幹壞事。

二〇一六年初，兩岸吵得沸沸揚揚的話題是臺灣詐騙集團跨國犯罪，近年來臺灣政府曾經自詡詐騙集團日益減少，沒想到這些不良份子轉戰他國，而且詐騙

中國大陸民眾，不但金額龐大連同地方公款也受波及。詐騙是筆無本生意，集團成員根據早期在臺灣犯罪經驗轉而詐騙大陸人士，終於在中國政府大力掃蕩之下一網成擒，這是年輕人不能吃苦又想致富，好逸惡勞的習性，導致犯罪集團組織愈來愈大。

毒品氾濫亦產生於同樣根源，原來只是友人誘騙好奇吸毒，卻是一發不可收拾，吸毒成癮，最終參與販毒，希望不勞而獲快速致富，兩者均是結交損友所致。

當今社會有人認為人生應結交三種朋友：醫師、律師、銀行家。醫師可提供吾人健康諮詢，使人長命百歲；律師可以作為法律諮詢對象，處理各項事情得心應手；銀行家是投資理財最佳顧問，復且於需要金錢、周轉時有門路可循，這些都是生活上時常要接觸的問題。但這畢竟是太過俗氣，和古往今來常人希望結交達官貴人、攀龍附鳳的習性一樣，都沾染了銅臭的味道。

古聖先賢希望吾人交友能夠提升自己，結交真正可以交心的友人。友直則不會有心機、正直可靠，不會陷吾人於不義；友諒則是寬宏大量、不計小過，甚至講究義氣可以共患難；友多聞則可增長吾人見聞，為人處事均可以長進，亦師亦友何樂而不為？一個人所有結交的朋友都兼具這三個優點，則是人生一大幸事，先人智慧值得牢記在心。

八、不要槓上長輩、長官，這對你不利

中國人傳統禮教主張忠誠、服從、盡責、盡孝，因此當他人發現屬下槓上長官、子女忤逆父母時，都先認為這下屬是否不服從命令，這子女是否對父母不孝。何況長官、長輩憑其資歷、人際關係大多優於後生晚輩，在爭議之時大都可以占上風。槓上父母親時，他們的財產很可能就得不到，頂撞長官之後，你可能失去工作、無法調職、升遷。

臺北市東區有一家知名五星級觀光大飯店，生意興隆數十年，在一九九〇年代因不動產增值，總資產達數百億元。第一代創辦人過世時，將所有資產移轉予其孫子，其兒子未得分文，只好控告其子，即創辦人孫子。官司纏訟十餘年，最後在法官斡旋、勸說下，孫子同意分一點給他老爸，事情方才落幕，飯店才重新整建。筆者有位親戚才貌俱佳，鎮上有位名醫生擁有財富卻膝下無子，遂邀親戚入贅。無奈妻子婚後身體欠佳、疾病纏身，親戚離家出走，最後名醫龐大資產遺交孫子，親戚分文未得。

在職場上，調用他單位人員「打聽」是一定要的，尤其在同一工業區或同一行業中特別常見。筆者在地方政府服務時，就有工業區內人資主管私下告知：區內人資主管常定期集會，除了交換工作心得之外，對於職場中的異議份子會特別注意，常槓上長官、不服管教的員工，升遷調動都會受到影響。政府機關人事資料是流通的，筆者擔任主管期間，曾有屬下申請遷調其他機關，該機關政風單位就曾正式來文「調查」這同仁之種種。政府機關人事安全資料列為機密，只有首長、主管單位可以查閱，很多人被列入「黑名單」都不自知。因此奉勸為人屬下不要頂撞長官，為人子女不要槓上父母長輩。

九、電腦、手機、網路是工具，切勿沉迷

現今科技發達，人人有電腦、手機可以使用網際網路，但很多人均認為過度沉迷會產生影響健康。旺報曾刊載江蘇省中醫師易明所列「手機十傷」，傷神、傷血、傷骨、傷脾、傷風俗、傷氣、傷筋、傷肉、傷心情、傷雅。青少年一天沒上網就焦慮，在臉書或Line沒得到回覆就躁鬱，電玩打久了就得了幻聽，邊走邊滑手機造成危險、傷亡更是不計其數。

網路呈現出來的往往都是假象，成功的、美好的才發出來，有些人看了感到自卑、自嘆弗如，有些人看了成為粉絲、拼命追求。臺灣很多在網路認識的男女朋友，在認識不清的情況下交往，事後發現男方有暴力傾向提出分手時，遭受毆打者還算幸運，女方受到殺害甚至喪失性命者案例多起。

網路交往，無論是朋友或事業伙伴，很多都是假象，網路購物買到劣質品甚或受到詐騙者也所見多是。如今很多人未能直接和人交往，人際關係的處理能力變差了。因為直接交往是可以馬上直接見到對方的反應，非常真實且難以掩飾、造假，在網路上的溝通，對方可以有一段時間思考，因此對已不利的反應不會出現，吾人所看到的往往是假象。吾人端詳鴻海和夏普併購談判、大巨蛋案臺北市政府和遠雄建設相互鬥法，都是直接面對面談判，網路、電腦只是協助搜集資料而已。

還有專家擔心電腦、網路可能讓一些人變得笨拙了，因為很多資訊、資料都可從中查詢，他們不去思考、不去分析，箇中原委來龍去脈、演化過程毫無所悉，腦筋自然變得笨拙了。個人在學校教書期間，要求學生書寫報告，有學生把網路中查詢到的資料，拼拼湊湊就這樣交差了，這些東西都沒有經過他們大腦，自然無法記憶下來，這對於學習新知毫無意義了。

目前臺灣已禁止開車、騎車滑手機，美國紐澤西州研擬對邊走邊滑手機者開罰，日本有車站對於站內邊走邊滑手機者提出警告，足見這是個不良習慣。如確有必要時，找個安全的地方坐下來查詢，進行聯絡才是正途。電腦、手機、網路只是人們利用的工具，而非人役於工具、沉迷於網路，吾人應學著該用則用的態度，而非如毒癮上身，沉迷到非用不可的地步。

十、遇到困難時，試試「反向思考」

「反向思考」是指一般思考模式之外，逆向操作的方法，有時候也可解決問題。有個老先生年老了擁有二棟房子，但他有三個子女，為了公平對待他們想給他們各一棟，但是卻一直想不出妥善解決方法。有個朋友知道了就建議他：「不要為分房子傷腦筋吧！交代他們將來自行妥適協調解決好了。」三個人分二棟房子方法很多，就讓他們去傷腦筋吧！老先生這下子才如釋重負。茲列若干事例作參考。

1.過年返鄉的路有好多條

農民工們過年返鄉是一年一度的大事，但卻是挺折騰人的，為了返鄉有錢卻不一定買得到車票，有了車票卻不一定順利搭上車。有新聞報導，一位從上海回重慶的小伙子，未買到直達車票，結果他查詢分段搭乘的資訊後，以分段搭車轉乘方式也順利地回到家，只是要費點勁兒和多花點時間。

2.吃虧就是占便宜——多勞動作家事鍛鍊身體

小家庭夫妻常為如何分擔家事爭吵，如果夫妻都是上班族，則做太太的就更辛苦了。為此，筆者年輕時就常在吃過飯後幫忙洗滌碗盤，既協助了家事也達到健身的效果，因為飯後站立、散步一、二十分鐘有降低血醣效果，其他如清潔屋內、清理垃圾，多動多作都是為自身健康著想。

3.農民工們你們也可以當老闆

最近幾年中國面臨企業轉型，好多國營事業尤其是鋼鐵以及煤礦公司面臨關閉或裁員，中年以下員工必須下崗，以後還有人生一段長路如何是好。筆者建議：農民工們，你們也可以當老闆。臺灣多年前有個事例供作參考。

約在一九九〇年，臺灣有個「臺灣汽車客運公司」是臺灣省政府經營，由於臺灣省政府即將裁撤，公司民營化的浪潮正在興起，臺汽客運必須走入歷史，大家都按照年資領了一筆退休金。數百位退休（資遣）員工合意各集資三十萬元，共同成立「國光汽車客運公司」，繼續工作也有了收入，年資重新計算將來依勞動法規再領退休金。中國下崗的農民工們可以試試這個方法，自組公司、自選行業，你們也可以當起老闆。

4.職業無性別——你也可以做個「男丁格爾」

中國因為工商業日益發達，女性擔任主管、大老闆者日多，因此女性保鑣也成熱門行業，雖是辛苦工作但收入較一般職工高得多。臺灣護理行業中男性也愈來愈多，男人在體力上較為占優勢，有時候必須搬重物，有時候遇到肥胖病人必須醫治，都需要體力較佳人員。近年由於醫療糾紛日多，常有病人家屬在醫院鬧事、動粗、打人事件，男丁格爾是可以適時出面協助處理問題。

5.未必到北上廣，二三線城市也有發展機會

很多中國大學畢業生首要選擇是北京、上海、廣州第一線城市，但是未必順遂如意，當此不盡人意之時，選擇二、三線城市並無不可。一線城市單是居住問題就傷透腦筋，住在郊區通勤則是耗盡時間和精力；另就生活費用言之，一線城市至少多了二、三成，生活品質明顯差得多。臺灣有臺大畢業女生在北京開茶館、賣茶；北京大學有畢業生返家賣豬肉。都做得有聲有色，收入比起上班族好得多，都是反向、另類思考的事例。

十一、改進有理想沒實踐、有實踐沒進度

二〇一九年一月到中國大陸去拜訪開工廠的親戚，曾經聽到阿里巴巴總裁馬雲對企業家演講的錄音。其中有一段就是很多人有理想，但卻未能努力地去實踐，也有的開始去做了，但遇到困難有停下來了。吾人仔細一想果真如此，無怪乎云云眾生中能夠成功的人不多。

吾人看看歷史上一些偉人事蹟，不禁令人佩服不已，前漢張騫、後漢班超出使西域，他們的恆心毅力，冒險犯難的精神真不可思議。唐朝玄奘到印度取經，以宗教之名前往或許風險較低，但在荒郊野外強盜路霸的威脅，在滾滾黃沙中踽踽而行，隨時可能迷失而一命歸天。孫中山先生從事革命運動，在危機重重中努力近二十年才獲成功，他們的毅力、精神，我等應以超人稱之。

臺灣多年前就有人在世界麵包大賽中獲得冠軍，二〇一九年九月又有人在義大利拿坡里全世界披薩大賽中，打敗宗主國義大利等世界高手奪得冠軍，他們的成功都不是偶然。我們這些參賽者都年紀輕輕，功成名就之外名利雙收，他們一生就以此競賽成績，可以在事業上闖出一片天。

我們每個人都有理想，不但要把理想付諸實現，而且有不達目標絕不終止的精神。有個親戚對開火鍋店有興趣，不曉得是沒有事先做足功課研究，或是未

做市場調查，以虧了數百萬元作收，後來做其他行業也都未能成功，他的耐心、毅力都有問題。個人一出社會雖從事公職，但對於從事教職為人師表卻也懷著夢想，為了從講師升等為副教授努力了十四年，教了兩個大學累積年資，寫了兩本著作才通過教育部審查。取得副教授時，同事讚曰：你拿到一個博士學位了，如今想想辛苦是有代價的。

十二、隨時帶著高帽子，適時給人戴上

有一則關於高帽子的寓言，有個擅於人情事故的先生出門都帶了幾頂高帽子，有一天見了位好友，他說：很抱歉，我今天帶的高帽子都用完了，他友人說：唉，沒關係，我又不是個愛計較、愛恭維的人。這位先生就說：我早知道你就是個認真踏實的人，淡薄名利且不求虛幻的讚美。他友人得意地回答道：你真是我的知音啊！這位先生最後也送了一頂高帽子給友人，不是嗎？

帶高帽子不是諂媚，不是奉承，而是在生活中適時的讚美，即或一點小事你都可以發揮，給人戴個高帽子。我常到住家附近的超商看報紙、吃水果，日前看到一個年輕小姐一邊工作、一邊招呼客人，店門一開門聲響了，她邊搬東西邊說

歡迎光臨，後來才知道她是店長，我不禁跟她說妳很負責盡職，年紀輕輕就當上店長，真不簡單。另有一位女店員個子不高、長相一般，上班時間默默地工作，整理架上東西或煮茶葉蛋、烤蕃薯，查看最低一層食品是否過期，要坐在地面上，我也不禁跟她說妳很有耐心也很能吃苦。

人們都喜歡被讚美，給人戴高帽子只是舉手之勞，但是對於建立人際關係卻是個重要橋樑。前曾述及發現好男人的秘訣之一，就是要多恭維少抱怨，這代表一個人的態度、人生觀。給人恭維戴高帽子一定是講好的一面，這表示他的人生觀是樂觀的、積極的。一個人如時常抱怨、責怪別人，都把事情往壞的一面去想，肯定不夠努力不會面對現實。

給人戴高帽子就像說聲謝謝一樣簡單，妳可發現人間很多美好事物，也可增進妳的人際關係，妳就隨時帶著高帽子，適時給人戴上吧！

參考書目

1.《世界文明史》威爾・杜蘭（Will Durant）著，幼獅文化事業公司，1972年7月。

2.《人文與民主》余英時著，時報文化出版事業公司，2010年1月。

3.《女性的品格》坂東真理子著，天下雜誌股份有限公司，2009年3月。

4.《如何擁有好人緣》米契・普林斯汀（Mitch Prinstein）著，遠流出版事業有限

公司，2018年3月1日。

5.《怎樣做個魅力十足的你“*Sexual Power*”》，珊卓・賽德比爾（Sandra Sedgbeer）著，田欣譯，方智出版公司，1992年7月。

6.《如何成為有魅力的女人》林翠編著，耀文圖書公司，1991年11月。

7.《男人要的三份禮物》張小嫻著，皇冠文化事業有限公司，2007年8月。

8.《人生以快樂為目的》吳淡如著，方智出版社股份有限公司，2006年7月。

9.《我看日本文化精神》賴東明著，九歌出版社有限公司，2010年5月10日。

10.《日本現在進行式》劉黎兒著，時報文化出版事業公司，2011年5月6日。

11.《預約好男人》艾文・亞伯拉罕（Irving Abraham）著，文萱坊出版社，1998年3月。

12.《小姐變成老姑婆》三砂千鶴著，城邦文化事業有限公司，2008年4月。

13.《猶太人的格言》柯鈞編著，培育文化事業有限公司，2005年4月。

14.《日本式的愛》土居健郎著，遠流出版事業股份有限公司，1985年10月1日。

15.《聰明女子》史蒂文・卡特（Steven Carter）著，林芳瑜譯，聯經出版事業公司，1993年5月。

16.《時間管理高手》呂宗昕著，商周出版社，2006年1月1日。
17.《父親的最後30堂哲學課》多明尼克・賈尼科（Dominique Janicaud）著，黃惟郁譯，麥田出版社，2006年9月。
18.《趙守博與名人對談青年問題》趙守博著，幼獅文化事業有限公司，2005年10月。
19.《情緒與壓力管理》黃惠惠著，張老師文化事業有限公司，2002年6月。
20.《人際關係與溝通》周談輝著，金華科技圖書有限公司，2006年3月。
21.《企業倫理》劉原超等合著，金華科技圖書有限公司，2006年1月。
22.《文官考試制度之研究》蔡紹南著，著作人發行，1986年1月。
23. 臺灣蘋果日報
24. 臺灣中國時報
25. 臺灣自由時報
26. 臺灣聯合報
27. 臺灣旺報
28. 網路維基百科

國家圖書館出版品預行編目資料

妳受男人青睞嗎？—孤獨經濟正崛起— /
蔡紹南著--初版--臺北市：博客思, 2020.09
ISBN：978-957-9267-70-0（平裝）

1.女性 2.兩性關係 3.生活指導

544.5 109009392

兩性座談 2

妳受男人青睞嗎？—孤獨經濟正崛起—

作　　者：蔡紹南
編　　輯：陳嫵竹、凌玉琳
美　　編：陳嫵竹
封面設計：陳勁宏
出 版 者：博客思出版事業網
發　　行：博客思出版事業網
地　　址：台北市中正區重慶南路1段121號8樓之14
電　　話：(02)2331-1675或(02)2331-1691
傳　　真：(02)2382-6225
E—MAIL：books5w@gmail.com或books5w@yahoo.com.tw
網路書店：http://bookstv.com.tw/
https://www.pcstore.com.tw/yesbooks/
https://shopee.tw/books5w
博客來網路書店、博客思網路書店
三民書局、金石堂書店
總 經 銷：聯合發行股份有限公司
電　　話：(02) 2917-8022　傳 真：(02) 2915-7212
劃撥戶名：蘭臺出版社　帳號：18995335
香港代理：香港聯合零售有限公司
電　　話：(852)2150-2100　傳真：(852)2356-0735
出版日期：2020年9月初版
定　　價：新臺幣280元整（平裝）
ISBN：978-957-9267-70-0